AS QUATRO ESTAÇÕES

Mariano Marovatto

AS QUATRO ESTAÇÕES

Cobogó

Sobre a coleção O **LIVRO DO DISCO**

Há, no Brasil, muitos livros dedicados à música popular, mas existe uma lacuna incompreensível de títulos dedicados exclusivamente aos nossos grandes discos de todos os tempos. Inspirados pela série norte-americana 33 ⅓, da qual estamos publicando volumes essenciais, a coleção O Livro do Disco traz para o público brasileiro textos sobre álbuns que causaram impacto e que de alguma maneira foram cruciais na vida de muita gente. E na nossa também.

Os discos que escolhemos privilegiam o abalo sísmico e o estrondo, mesmo que silencioso, que cada obra causou e segue causando no cenário da música, em seu tempo ou de forma retrospectiva, e não deixam de representar uma visão (uma escuta) dos seus organizadores. Os álbuns selecionados, para nós, são incontornáveis em qualquer mergulho mais fundo na cultura brasileira. E o mesmo critério se aplica aos estrangeiros: discos que, de uma maneira ou de outra, quebraram barreiras, abriram novas searas, definiram paradigmas — dos mais conhecidos aos mais obscuros, o importante é a representatividade e a força do seu impacto na música. E em nós! Desse modo, os autores da coleção são das mais diferentes formações e gerações, escrevendo livremente sobre álbuns que têm relação íntima com sua biografia ou seu interesse por música.

O Livro do Disco é para os fãs de música, mas é também para aqueles que querem ter um contato mais aprofundado, porém acessível, com a história, o contexto e os personagens ao redor de obras históricas.

Pouse os olhos no texto como uma agulha no vinil (um cabeçote na fita ou um feixe de laser no CD) e deixe tocar no volume máximo.

Este é pra Ana

1.

Renato tem 33 anos. Está sentado na cabeceira do sofá-cama aberto na sua sala, com as pernas esticadas, fumando mais um cigarro que ele acaba de sacar do maço. Veste uma camisa estampada predominantemente roxa, de mangas compridas — talvez um número maior do que o seu, mas de acordo com a moda de 1994. Oito almofadas coloridas apoiam sua cabeça e suas costas. Um abajur de chão de cúpula azul ilumina o lado esquerdo do seu rosto. A calça comprida — da mesma cor bege da parede atrás do sofá-cama — está dobrada na bainha. O cantor está descalço, dando uma falsa impressão de que começou a entrevista muito à vontade. Renato repete o tique de ajeitar o cabelo acima da testa, desenhando um microtopete, tentando esconder as entradas de sua nascente calvície. A barba cheia está curta, mas cuidadosamente aparada abaixo do maxilar. *O descobrimento do Brasil* já está nas lojas há alguns meses e Renato revisita a trajetória da banda, disco a disco, diante da equipe de tevê que está com ele na sala do seu apartamento na rua Nascimento Silva, em Ipanema. O entrevistador, que não aparece, faz mal as perguntas. Renato não se importa e elabora as respostas com uma crescente calma ao longo da hora e meia de conversa. "Todo mundo diz que *As quatro estações* é um disco maravilhoso, mas agora eu venho com esse discurso chato", desabafa enquanto cruza as pernas no ar. "Todo mundo cismou que é um disco maravilhoso e alegre enquanto o *V* é um disco depressivo. Mas não é assim. Eu acho que o *V* oferece até mais saídas do que *As quatro estações*. Porque em *As quatro estações* o cara fica lá no 'cordeiro de deus', enquanto no *V* o cara diz que quer 'um dia de sol no copo d'água' ou 'eu vou cuidar de mim, o plano era ficarmos bem'."

Cinquenta anos antes de *As quatro estações*, em 1939, John Cage escreveu o artigo "Four Statements on the Dance" [Quatro proposições sobre a dança].[1] Como de praxe, no final dos seus textos, Cage conta pequenas histórias de sua vida, não diretamente relacionadas aos artigos que as precedem, mas que possuem a mesma função moral e desnorteante dos *koans* — as anedotas do budismo, não por acaso a religião do compositor. Na anedota ao final dos "Four Statements", Cage relembra um dos ensinamentos de Daisetsu Teitaro Suzuki, seu grande amigo e também principal introdutor da doutrina de Buda nos Estados Unidos, no início do século XX. Conta o *koan*, segundo Suzuki, que, antes de estudar o zen, "os homens são homens e as montanhas são montanhas". Durante o estudo do zen, "as coisas tornam-se confusas", até que, finalmente, após o término do estudo, novamente "os homens são homens e as montanhas são montanhas". Os alunos norte-americanos, não compreendendo a anedota contada pelo mestre, perguntaram: "Mas então, qual a diferença entre antes e depois?" E o doutor Suzuki respondeu: "Não há diferença nenhuma, a não ser os pés que ficaram um pouco fora do chão."

---

[1] O artigo "Four Statements on the Dance" pode ser encontrado no livro *Silence*, de John Cage, publicado em 1961 pela editora Wesleyan University Press.

"Como chegar até as nuvens com os pés no chão?", pergunta Renato na letra de "Eu era um lobisomem juvenil", faixa final do lado A de *As quatro estações*. O *koan* do amigo budista de John Cage pode servir como um guia para entender a trajetória da Legião Urbana. Até o terceiro disco, *Que país é este — 1978/1987*, homens eram homens e montanhas eram montanhas. O rock 'n' roll do grupo — até então um quarteto — chegava sem intermediários, diretamente da fonte do punk na Inglaterra, até Brasília. Renato Russo, Renato Rocha, Dado Villa-Lobos e Marcelo Bonfá conheciam mais nomes de bandas do Reino Unido — seus integrantes, seus discos, seus acordes e suas letras — do que dos cantores e compositores que se multiplicavam sob o guarda-chuva da sigla MPB da mesma época. Em *As quatro estações*, Bonfá, Dado e Renato se deram conta de que "as coisas tornaram-se confusas", o punk e Brasília já não bastavam, se esgotaram. "Eu tinha que tirar Brasília do meu sistema", disse Renato. O disco demoraria 16 meses para ficar pronto. Era a primeira vez que a banda entrava em estúdio sem material acumulado dos primeiros anos de Brasília, e as canções inacabadas dos discos anteriores, aos ouvidos da banda, reproduziam o mesmo discurso. Era necessário se reinventar. Renato afirma: "Não queria mais aquela angústia joy-divisiana que leva ao suicídio, tem que existir o caminho da iluminação, em que você não se destrói."

No ano de 1988, Renato tinha 28 anos, Dado, 23, e Bonfá, 24. Antes dos trinta, o trio já havia experimentado todo tipo de situação de máximo estrelato que o *showbiz* poderia oferecer a um grupo de rock no Brasil dos anos 1980. Quando o segundo disco chegava às lojas, o primeiro, mesmo eclipsado no seu lançamento pelo Rock in Rio, que também despontava naquele início de 1985, já havia vendido 100 mil cópias. *Dois*, por sua vez, tinha 800 mil cópias espalhadas pelas vitrolas brasileiras quando *Que país é este* tomava conta das rádios com a quilométrica "Faroeste caboclo", em 1987. Quase 700 mil cópias do terceiro disco tinham sido vendidas até o fatídico 18 de julho de 1988, dia do catastrófico show da Legião no Estádio Mané Garrincha, em Brasília. O que deveria ter sido o coroamento dos dez anos de trajetória musical na capital do país para aquele gigantesco público de 50 mil pagantes acabou se transformando num pesadelo: 385 pessoas ficaram feridas, outras sessenta foram presas e ao total 64 ônibus foram depredados antes e depois do tumulto. A união entre o movimento punk e o ambiente brasiliense havia chegado ali, depois de uma década de surpreendentes desdobramentos (pro)positivos, ao seu maior revés, e da forma mais selvagem. Hostilizado na sua própria cidade, o grupo deixou Brasília o mais rápido possível no dia seguinte ao show. Renato, não. Renato ficou mais alguns dias. Enfurnado num quarto de hotel com um gravador cassete de quatro canais, uma guitarra, um baixo e um teclado, sob o efeito do desastre, o cantor da Legião Urbana obsessivamente continuou a trabalhar. O resultado dessas noites de hotel solitárias e não dormidas foi uma fita batizada de "Cocaine days", contendo 60 minutos de desconexos esboços instrumentais: as primeiras manifestações, embrionárias, do que viria a se tornar o próximo disco da banda. O exorcismo de Brasília e a iluminação através de um caminho não destrutivo almejado por Renato em *As quatro estações* começou factualmente em meio à maior das ressacas da história do rock brasileiro até então.

2.

Este livro começou em 1989.

Em 1989, eu tinha sete anos e meu irmão tinha dez. Meu pai deu pra gente um gravador de fita cassete e passamos o ano registrando canções nossas, radiojornais nossos, comentários acerca do campeonato de Fórmula 1 e também sobre as memoráveis eleições para presidente daquele ano. Entre as nossas outras brincadeiras, escola, natação e a casa dos primos, gravamos uma dúzia de fitas de 60 e 90 minutos, do início ao fim. Até então, para nós dois, a única função do cassete era registrar nossas vozes no aparelhinho da CCE.

Ouvíamos rádio no carro no fim de semana, com meu pai dirigindo, ou durante a semana, no carro da minha mãe, a caminho da natação. Nos últimos meses do ano, as FMs começaram a tocar "Há tempos", do novo disco da Legião. Aquilo, aos sete anos de idade, soava muito adulto, sem muito sentido, muito austero e estranhíssimo. Era sem dúvida rock: tanto quanto os Beatles e o The Police que escutávamos em casa, como o riff de "Flores", dos Titãs, ou o solo de guitarra de "Lanterna dos afogados", dos Paralamas, que também começaram a tocar no rádio na mesma época. Tinha uma voz esbravejando, tinha viradas de bateria, tinha guitarras, mas não parecia rock. As outras canções de rock brasileiras eram mais simples de serem entendidas, mesmo com versos como "a flor vai curar as suas lástimas" ou "eu tô na lanterna dos afogados, eu tô te esperando" que pareciam significar alguma coisa oculta pra minha cabeça de criança, mas, no embalo da melodia e na sequência dos outros versos, eu entendia e me dava por satisfeito como nas respectivas letras. Com "Há tempos", não. Era uma avalanche de sensações perturbadoras a caminho da natação. O formato da canção era diferente. Não havia um refrão que se repetia como as outras músicas. Quando fixava algo mais inteligível como "teu grito acordaria não só a tua casa, mas a vizinhança inteira", pensando no tamanho desse grito, nas pessoas dessa casa, surgia, em seguida, algo mais sombrio como "e há tempos são os jovens que adoecem e há tempos o encanto está ausente", e tudo se anuviava novamente. O "há tempos", repetido várias vezes, parecia ser o sujeito da canção: "o 'há tempos' é isto, o 'há tempos' é aquilo." E, de repente, depois de três minutos e dezoito segundos, vinha "lá em casa tem um poço, mas a água é muito limpa" em duas vozes não sincronizadas, e a música acabava. O rádio não dava respiro e logo surgia outra canção de outra banda tentando apagar a experiência sinestésica dos meus ouvidos de sete anos de idade. Depois de escutar algumas vezes, um dia perguntei para a minha mãe por que "cocaína era só tristeza". Ela, dirigindo, preocupada com a hora da natação, com o trânsito ou com as duas crianças inquietas no banco de trás, respondeu algo como: "Ah, meu filho, não entendo muito essa música chata." Parei por um momento. A partir dali, toda a tentativa de desvelamento da letra foi deixada de lado e a canção — assim como todas as outras canções que surgiam no rádio com aquela voz impressionante do Renato Russo — se tornaria chata. ("Pais e filhos" começou a tocar muito mais vezes do que "Há tempos" e, mesmo já com o preconceito com relação àquele cantor chato, eu gostava muito — intimamente — de ouvir o refrão da canção, principalmente o segundo, que vinha precedido do dedilhado do violão enquanto Renato cantava carinhosamente: "Eu moro com meus pais.")

Um dia, antes de chegar em casa, meu pai resolveu abastecer o carro na Lagoa, perto do Parque da Catacumba. Antes das lojas de conveniência se tornarem quase que obrigatórias nos postos, havia surgido, nesse posto de gasolina, uma inacreditável loja de discos e fitas. Ao abrir a porta da sala, meu pai me disse que tinha um presente para mim. Pensei que eram Comandos em Ação, mas eram duas fitas cassete. E não eram fitas virgens pra gente usar no gravadorzinho. Era a primeira vez que meu pai me dava música "não infantil" para escutar. Eram os cassetes da coletânea *Mega hits 2* e, estranhamente, o *Ouça o que eu digo: não ouça ninguém*, álbum dos Engenheiros do Hawaii, lançado em 1988. O *Mega hits 2* também era de 1988, e meus primos mais velhos já escutavam com os outros meninos do prédio deles, na Tijuca, o LP do *Mega hits 3,* de 1989, que tinha, se não me engano, Bliss cantando "I Hear You Call" e uma música do Sigue Sigue Sputnik (cujas capas dos LPs me deixavam tão intrigado quanto as capas dos discos do Iron Maiden). O *Mega hits 2* tinha "Always On My Mind" na versão dos Pet Shop Boys, tinha The Hollies cantando "He Ain't Heavy, He's My Brother" e os Beach Boys cantando "California Dreamin'" numa versão pior do que a lindíssima do The Mamas and The Papas. Tudo em inglês, língua que eu começava a entender. Dos Engenheiros eu gostava de ouvir "Terra de gigantes" no rádio. Lembro de uma vez ouvir a canção a caminho da casa dos meus tios, entrando pela rua Barão de Mesquita, e os versos da letra de Humberto Gessinger, sem maiores percalços metafóricos, misturados com a boa ansiedade de ir brincar uma tarde inteira com nossos primos na Tijuca, causou-me uma espécie de ternura de que me lembro até hoje. Em *Ouça o que eu digo* tinha "Somos quem podemos ser", que eu facilmente entendia. Engenheiros foi uma fruição saudável. As capas dos discos, sempre com engrenagens, também eram um apelativo extra, bem bacana. Legião me parecia uma coisa de gente mais velha (não tão velha como os meus pais), uma coisa estranha, uma coisa meio blasé.

Algum tempo depois fomos morar em Maceió, e antes da axé music invadir o Nordeste inteiro, a vizinha adolescente do andar de cima colocava *As quatro estações* nas alturas. Já muito contrariado de estar longe da minha antiga escola, da natação e dos primos, eu ficava ainda mais puto com aquela situação. Como é que alguém, nessa cidade, coloca essa banda nesse volume e canta essas coisas quase sem sentido no mesmo volume das caixas de som, janela afora? Um dia eu vi a capa do disco: cinza brilhosa com três fotos de três caras, o do meio muito sério, de óculos. Achava pretensioso e ainda muito estranho. Não fazia muito sentido a vizinha desfrutar aquilo com a mesma paixão que tinha pelo disco dos Guns N' Roses — que ela alternava no toca-fitas. Cantar aquilo tudo, acompanhar a melodia, era uma tarefa difícil se você não sabia a letra de cor. E saber a letra de cor era outro desafio. Mas, de repente, tornou-se bacana ouvir o disco. A estranheza era nada mais do que medo de achar aquilo bom, em algum nível estético, mesmo sem entender o objetivo daquelas canções e, de repente, virar uma pessoa chata, igual ao cara de óculos da capa. Elas falavam exatamente de quê? A quem interessava? "Acostumados a não termos mais nem isso." Nem isso o quê? As letras não se explicavam. Isso era anormal, parecia propositadamente desnecessário. Mas foi se tornando bom.

3.

O naturalista anglo-francês Francis de Castelnau esteve no Brasil em meados do século XIX, assim como vários outros cientistas europeus, para desbravar e catalogar espécies da velha fauna e da velha flora brasileiras até então desconhecidas no Velho Mundo. Da viagem que fez, saindo do Peru em direção ao Rio de Janeiro, Castelnau escreveu, em 1842, a sua *Expedição às regiões centrais da América do Sul*. Numa breve passagem do livro, ao entrar em contato com o povo Guató, na época o mais numeroso dos povos indígenas do Pantanal (hoje são pouco mais do que três centenas de pessoas), o naturalista anotou: "Dois deles traziam guitarras de sua própria fabricação e copiadas provavelmente dos civilizados. Os sons que produziam com este instrumento não eram mais desagradáveis do que os que conseguem os brasileiros com as suas." Da mesma forma que os demais botânicos, mineralogistas, zoólogos, geógrafos e respeitados naturalistas europeus, o pensamento de Castelnau era fundamentado nas correntes do pensamento então em voga, como o determinismo, o positivismo e o evolucionismo pré-darwiniano. Hoje em dia é berrante o preconceito científico europeu do século XIX exposto nas duas pequenas frases citadas do naturalista: se fossem escritas no século XXI, soariam extremamente criminosas. Por outro lado (aliás, pelo mesmo viés), a descrição do exemplo fantástico da dupla de guitarristas guató produzindo "sons desagradáveis" aos ouvidos puríssimos de Castelnau, remete instantaneamente a outro conceito ocidental, bem mais recente e muito mais caro aos últimos cinquenta anos da cultura humana: o *Do-It-Yourself* do movimento punk britânico. Inglês feito o naturalista.

Em outra época, em outro ambiente musical, longe do Pantanal dos guatós e da Londres de Castelnau, o músico Morton Feldman, no Brooklyn nova-iorquino, escreveria em 1965 que "na música, quando você faz uma coisa nova, original, você é um amador. Os seus futuros imitadores, esses sim, são os profissionais".[2] Diferentemente de outras máximas furadas do mundo da música, essa lei perdura e perdurará. Aconteceu dessa forma com Morton, John Cage e todo o círculo da música erudita norte-americana do século XX. Da mesma forma aconteceu com os Sex Pistols, The Clash e todo o circuito punk londrino do final da década de 1970. Infelizmente, por conta dos interesses financeiros dos senhores das terras do Brasil, jamais o *DIY* dos guatós pôde perdurar. Nunca saberemos como eram os acordes dissonantes e o que cantava (se cantava) aquela dupla de "guitarristas". Muito menos como construíram seus instrumentos e as reais motivações para tal empreendimento, ou mesmo se existiam outras duplas ou grupos musicais de interesse semelhante na mesma tribo. Deles restaram as duas frases de Castelnau, e nada mais. Que caminho musical poderia ter começado a partir do material desses dois amadores?

---

[2] Morton Feldman, em "Anxiety of Art" [A ansiedade da arte], in *Art in America*, de setembro de 1973.

4.

Brasília é uma ilha. Desde que Darwin acertou os ponteiros da evolução ao se deparar com o arquipélago de Galápagos, os homens modernos não ousaram subestimar a potência criativa das ilhas. Mesmo que seja uma ilha como Brasília, localizada exatamente no meio do continente sul-americano, cercada não de água, mas de horizonte por todos os lados. Uma vez Clarice Lispector escreveu que a capital federal é "uma praia sem mar onde não há por onde entrar nem por onde sair". Mais à frente, na mesma crônica publicada em 20 de junho de 1960, exatos dois meses após a fundação da cidade, a escritora predisse muito friamente: "Por enquanto não pode nascer samba em Brasília." E o samba não nasceu. Nasceu o punk, vindo dos céus, trazido pelos aviões, como uma panspermia.

Dado, Bonfá e Renato se tornaram músicos porque descobriram o punk com a muito famosa "Turma da Colina" de Brasília, da qual eram protagonistas. A sede de novidade musical da turma teve um enorme facilitador: os pais desses meninos. Os futuros músicos da Legião Urbana, d'Os Paralamas do Sucesso, Plebe Rude, Capital Inicial, Finis Africae e Detrito Federal, por exemplo (além das outras numerosas bandas que misturavam entre si os seus integrantes e foram implodidas ainda nesses anos de formação), eram quase todos filhos de diplomatas, militares e professores da UnB; todos da classe média alta, e, em grande parte, universitários poliglotas, como era o caso de Renato, Dado e Marcelo. Além da facilidade propiciada pelo intercâmbio profissional dos pais — que traziam na bagagem as encomendas de LPs e afins —, alguns meninos da turma de fato foram morar fora do país e se tornaram grandes correspondentes musicais. André Muller, por exemplo, que foi com a família morar na Inglaterra, gravava e enviava por fita cassete, semanalmente, todos os *Peel Sessions* da época (o programa de novidades musicais da rádio inglesa mais relevante dos últimos trinta anos, comandado pelo incontornável disc jockey John Peel). Revistas como *NME*, *Melody Maker* e *Sounds* eram lidas no mesmo mês em que saíam no seu país de origem. A mediação musical de Renato e companhia era exatamente a mesma dos jovens ingleses: não havia, em um primeiro momento, nenhum jornalista, crítico ou músico brasileiro que servisse de atravessador e peneirasse, a seu modo, as novas tendências musicais do Velho Mundo. De 1977 em diante, não haveria tradição musical que demovesse a turma dos seus anseios de replicar o que eles começavam a ouvir em primeira mão. "A gente começou imitando as bandas inglesas mesmo", afirma Renato, ainda sentado no seu sofá-cama, mas agora mascando um chiclete: "Como disse o Jimmy Page: o bom do rock é que ele não se aprende na escola, né?"

Brasília foi um dos primeiros lugares do Brasil (quem sabe o primeiro) em que chegaram o primeiro compacto da história do punk, *New Rose*, do The Damned, e o primeiro LP, *Never Mind The Bollocks,* dos Sex Pistols. Ambos passaram pelas mãos dos adolescentes Dado, Bonfá e Renato. É bem verdade que o single do The Damned não necessariamente chegou às mãos do futuro trio em 1976, ano em que foi lançado. Nem Renato tinha ouvido o disco dos Sex Pistols ainda em 1977. Tudo aconteceu em 1978, ano em que a banda de Johnny Rotten [John Lydon] já tinha acabado, depois de uma destrutiva e bastante noticiada turnê norte-americana que alçou o grupo britânico à fama mundial. Os punks no Brasil existiam e estavam se estabelecendo, independentemente da vontade dos jornais. A partir da explosão e do estilhaçamento do punk pelo mundo, novos discos de uma imensidão de bandas e de novos estilos como o new wave, o hardcore, os grupos de new romantic, o ska, o two-tone, e mais tudo o que cabia debaixo do chapéu chamado "pós-punk", começaram a tocar nas vitrolas do pessoal da Colina. Para um movimento que pregava o *no future*, a cada momento, a cada nova audição, uma nova possibilidade musical era descoberta pronta para ser assimilada e recriada.

Esse mesmo tipo de sorte, propiciado pelas condições brasilienses de ilha, tem semelhanças nos desdobramentos musicais — surgidos a partir do punk — em outras ilhas específicas do planeta. Tão *up-to-date* quanto a "Turma da Colina", somente a cena punk de Wellington, na Nova Zelândia. A principal banda punk de lá, The Normals, nasceu, assimilou The Clash e os Sex Pistols e ensaiou o suficiente para fazer alguns shows notórios e, finalmente, gravar seu primeiro LP. Tudo isso em 1978, mesmo ano de fundação do Aborto Elétrico. E por merecimento do primeiro grupo punk de Brasília, deve se levar em consideração que Wellington, mesmo estando geograficamente do outro lado do mundo, é também território da rainha da Inglaterra, ou seja: não desgrudava os ouvidos das novidades das rádios de Londres, que por sua vez não desgrudava os ouvidos das novidades das rádios de Nova York.[3]

---

[3] Não se pode esquecer que Londres fica na ilha da Grã-Bretanha e que Nova York contém a ilha de Manhattan – Londres e Manhattan, ilhas, respectivamente, pai e mãe do movimento punk.

A pequena Reykjavik — capital da Islândia que muito em breve entortaria os rumos da música mundial — nada seria se o empresário Malcolm McLaren não tivesse reunido na *Sex* (sua loja de acessórios e roupas de couro localizada no Chelsea londrino) Steve Jones, Paul Cook, Glen Matlock e John Lydon — a primeira formação dos Sex Pistols, ainda sem Sid Vicious. O islandês Einar Örn, dada a proximidade geográfica de seu país com a Grã-Bretanha, já era um punk em 1977. Demorou até 1981 para ele conseguir cooptar seus amigos e montar o Purrkur Pillnikk: a primeira, principal e mais cultuada banda punk da música islandesa. Paralelamente ao Purrkur, havia o Tappi Tíkarrass, outro grupo relevante da cidade que ostentava uma bela diferença: uma cantora de 16 anos — nascida no mesmo ano que Dado Villa-Lobos e Marcelo Bonfá — chamada Björk Guðmundsdóttir. A explosão do Tappi Tíkarrass e do Purrkur Pillnikk durou até o ano seguinte, quando a cena local foi documentada pelo premiado cineasta Fridrik Thor Fridriksson no filme *Rokk í Reykjavík*. Em seguida, as duas bandas encerraram suas atividades estéticas, se misturaram e formaram o Kukl, o conjunto que mais tarde se transformaria nos Sugarcubes, com Björk e Einar nos vocais.

O Purrkur lançaria ainda em 1982 o seu segundo e último disco, no qual é possível ouvir Einar cantar em islandês "Desculpe, eu não tenho mais nada a dizer", conforme enfatiza Fabio Massari no seu livro *Rumo à estação Islândia* [2001]. O verso é gêmeo de uma das afirmações mais famosas escritas por Cage, grande amigo de Morton Feldman, no seu "Lecture on Nothing" [Palestra sobre o nada]. Contudo, a máxima do compositor norte-americano conclui-se com um adendo importantíssimo: "Eu não tenho nada a dizer. Mas eu estou dizendo", com o qual o *no future* do punk está de pleno acordo. Ainda no mesmo ano de 1982, meses depois do fim do Aborto Elétrico, Renato Russo, que então ostentava o título de "trovador solitário", teve finalmente a ideia de chamar Marcelo Bonfá para montarem juntos mais uma banda em Brasília. A ideia era: voz, baixo e bateria, sem um guitarrista fixo, e o nome do grupo seria Legião Urbana. O resto é história.

5.

Na madrugada da morte de Renato Russo eu tinha ainda 14 anos e estava no Circo Voador assistindo ao primeiro show de rock da minha vida: Chico Science & Nação Zumbi e Pato Fu, as duas bandas numa mesma noite, na mais famosa casa de shows da Lapa, naquela época improvisada sobre os escombros da calçada num chão quase de terra debaixo dos Arcos, levantada com armações de ferro, lonas e caixas de som. Faltei à aula no dia seguinte e acordei com a notícia da morte. Meia dúzia de amigos me ligaram naquele início de tarde, dizendo: "Caramba, pensei muito em você!" Dois meses depois, eu subiria num palco pela primeira vez, no Ballroom do Humaitá. Minha função na banda montada para o show de fim de ano do cursinho de guitarra era tocar tal qual o Dado Villa-Lobos a introdução e o solo de "Tempo perdido". No início daquele mesmo 1996, por conta da minha profunda devoção aos Beatles e da grande ajuda dos meus primos — já exímios programadores naquele início de internet no Brasil —, coloquei no ar o primeiro site sobre o quarteto de Liverpool feito no Brasil. Os grandes temas da página eram a série de discos e os episódios do documentário *The Beatles Anthology* que havia estreado na Inglaterra em novembro do ano anterior e no Brasil poucos dias depois, já em dezembro. Nada era mais fascinante do que descobrir as gravações inéditas e canções totalmente desconhecidas do grupo musical mais famoso do mundo. Igualmente fascinante era saber que duas gravações caseiras de John Lennon, feitas em fitas cassete, se tornariam, nas mãos de Paul, George e Ringo, canções novíssimas do quarteto. Ao mesmo tempo, nas lojas de disco da cidade, começavam a aparecer (até hoje não sei como nem quem fazia essa milagrosa distribuição internacional) CDs e mais CDs de *bootlegs* de um sem-número de bandas que eu gostava. Para acompanhar os lançamentos dos próximos discos do *Anthology*, visitava diariamente sites estrangeiros — na época, o termo correto era *homepages* — dedicados aos discos piratas dos Beatles, onde eu também tomava conhecimento das infindáveis listas de canções inéditas deixadas de lado pelo quarteto e dos outtakes, igualmente fascinantes, das gravações dos discos. A arquivística musical, esse despertar do devir-arqueólogo, era minha onda pessoal do momento. Pouco tempo depois, aparecia a caixa dos primeiros álbuns de Gilberto Gil, devidamente remasterizados, recheada de discos e faixas inéditas. Até então, eu não tinha contato direto com a obra de Gil. Não havia discos do Gil na minha casa. Conheci ali, de uma vez só, a discografia do compositor baiano e os bastidores de sua gigantesca produção. A potência de conhecer a obra praticamente total de um artista fazia para mim muito mais sentido — ainda mais tratando-se de Paul, John e Gil — para um entendimento mais amplo, não só da carreira deles, mas também da contribuição incontornável desses artistas para a história da música popular mundial. Me perguntava por que as caixas de Milton Nascimento, Legião Urbana e Paralamas do Sucesso, todos também recém-remasterizados em Abbey Road, não haviam sido lançadas com material inédito. Vez em quando surgia, naquela internet discada, um microtrecho em baixíssima qualidade de uma canção da fita demo da Legião ou uma versão ao vivo de alguma música que não estava no *Música para acampamentos*. Não era o suficiente. Torcia para que, num futuro próximo, esse material, que deveria existir em quantidade abundante, viesse à superfície.

Na mesma *homepage* sobre o *The Beatles Anthology*, eu havia feito — em separado — um link para uma página de votação em que as pessoas escolhiam, livremente, sua música predileta da Legião Urbana. O formulário era preenchido por gente do Brasil inteiro e, diariamente, chegavam uns três ou quatro e-mails com os nomes das canções. Alternavam em primeiro lugar, invariavelmente, "Faroeste caboclo", "Tempo perdido" e "Pais e filhos". Na semana da morte de Renato, o contador acusou mais de um milhão de visitas e centenas de votos diários, uma avalanche. Incrível pensar que esses números eram da internet de 1996. Não dei conta, literalmente; atualizei a página com uma mensagem de luto sobre um fundo preto, nunca mais calculei os votos e nunca mais modifiquei o site novamente.

Mais tarde, entrei para a Faculdade de Letras da PUC-Rio e virei estagiário do Arquivo-Museu de Literatura Brasileira da Fundação Casa de Rui Barbosa. Mais uma vez estava eu diante dos bastidores dos meus grandes ídolos. Versões de poemas, notas, cartas, diários, correspondência, cadernos vários — tudo inédito — dos arquivos de Machado de Assis, Carlos Drummond de Andrade, Manuel Bandeira, Clarice Lispector, Mário de Andrade, Guimarães Rosa e muitos outros nomes da literatura brasileira passavam pelas minhas mãos e pelos meus olhos. O gosto pelo arquivo virou profissão, virei pesquisador do Arquivo--Museu e grande parte da minha vida acadêmica foi voltada para o estudo de acervos literários e a releitura da obra de autores a partir de sua produção total, ou seja, suas obras editadas em consonância com seus papéis inéditos.

Ao conversar com Dado Villa-Lobos pela primeira vez sobre este livro, contei da minha trajetória arquivística e da minha paixão pelo *The Beatles Anthology*. Dado respondeu: "Poxa, então, eu tenho uma caixa com um monte de CDs com todo o material que a Legião gravou na EMI-Odeon, do primeiro ao último disco. Você poderia dar uma escutada nisso tudo, né?" E aí, um dia aconteceu de eu chegar em casa com uma caixa pesada com exatos 86 CDs com o material das 86 fitas das gravações em estúdio de toda a carreira da Legião Urbana. Foi uma semana insone. Desses 86, 14 tapes são do período de gestação de *As quatro estações*, contendo os diferentes takes de voz de Renato para as 11 faixas do disco, ensaios, as primeiras versões das canções, algumas composições deixadas para os próximos discos e outras inéditas, nunca reaproveitadas. Como dar conta disso tudo em palavras?

6.

Há histórias que contam que o punk não nasceu em Londres, de fato, mas em Nova York, em 1975, graças a uma carismática menina chamada Patti Smith. Em pouquíssimo tempo, no boca a boca de Manhattan, formou-se uma multidão — grande o suficiente para lotar pequenos clubes — de seguidores de Patti. Antes mesmo de ela resolver cantar, vê-la no palco, simplesmente lendo seus poemas, era um fenômeno. Patti era, nas palavras de Thurston Moore,[4] "a street-hot rock 'n' roll Messiah" [uma Messias rock 'n' roll das ruas]. Joey Ramone, Richard Hell e Tom Verlaine, antes de os Ramones e do Television existirem naquela embrionária cena punk nova-iorquina, também seguiam Patti e prestavam muita atenção na linguagem extremamente potente que saía daquele corpo frágil. Uma beatnik tardia que não dialogava com as distantes estradas ensolaradas da Califórnia, mas falava diretamente com as ruínas do Downtown de Nova York de então. Muitos queriam namorá-la, tê-la para si, guardá-la; outros a invejavam e falavam mal dela porque provavelmente também queriam namorá-la. O olheiro Malcolm McLaren entendeu muito bem o interesse de todos aqueles homens e mulheres pela ati-

---

[4] Entrevista à revista *Bomb*, disponível no site http://bombmagazine.org/article/1928/patti-smith.

tude de Patti. Espertamente, importou essa atitude para Londres e levou-a para quem poderia potencializar comercialmente a "sublime expansão" — outro termo de Moore — que emanava de Patti naquela cena artística ainda em formação no sul da ilha de Manhattan.

Thurston Moore tinha 16 anos quando viu-se completamente apaixonado por Patti Smith. "Eu queria conhecê-la, levá-la ao cinema. Mas ela era tão inalcançável, tão fantástica, que eu só poderia confiar no futuro para poder, finalmente, sair com ela um dia", afirma ele num texto emocionado sobre a cantora, na revista *Bomb*. O guitarrista e compositor do Sonic Youth conta que a música que ele começava a fazer aconteceu por causa dela: "Patti parecia existir do vazio, sem passado nem futuro — logo ela que cantava 'o futuro é agora'."

Os discursos de Patti e de Renato atuavam a partir da desilusão e diziam respeito a um determinado público de jovens sedentos por ilusão. Conforme escreveu Hermano Vianna sobre a Legião, trata-se de um messianismo que não transmite "a boa palavra", mas sim a simples conferência da descrença. A conferência de que a rebeldia é o ato correto diante do mundo. A afirmação do estar perdido. O conforto de saber que estão todos perdidos e existe uma voz que capta e propaga essa afirmação. No caso do altar do *no future* de Thurston Moore, Patti Smith tem um lugar de destaque: "A maior e mais original força da história da música foi uma mulher. Um fato que existiu justamente na cultura punk, na qual as mulheres ganharam poderes e coragem", afirma Thurston. Por aqui, a maior e mais original força criada na cultura punk foi um rapaz desengonçado, de óculos, recluso, mas que ao mesmo tempo transava drogas e, depois de uma década de carreira, estimulado pelo período criativo de *As quatro estações*, finalmente assumiria sua homossexualidade em público. "No Brasil, até agora só saíram do armário o Clodovil, a

Roberta Close e eu", afirmava ironicamente Renato numa entrevista, no auge do sucesso de "Meninos e meninas".

Da mesma forma que Thurston Moore tinha uma vertiginosa paixão platônica por Patti, ela, também aos 16 anos, tinha suas paixões não correspondidas. A primeira e mais famosa era Arthur Rimbaud, para quem, mesmo morto, Patti obsessivamente escrevia declarações de amor, poemas e confissões no seu diário. Em *Só garotos*[5] ela diz: "Meu amor não correspondido por ele era tão real para mim quanto qualquer coisa que eu já houvesse experimentado." A outra grande paixão e consequentemente grande influência de Patti foi Bob Dylan: "Quando você tem 15 ou 16 anos, você não tem o cara que você quer, e aí te resta apenas sonhar com ele... o tempo todo. Então qual a diferença entre ele estar vivo ou morto? Pelo menos com o Dylan eu sonhava com alguém que estava vivo." Os amigos mais próximos de Patti diziam que ela falava de gente famosa como se fossem também amigos próximos. Para muitos era uma atitude estranhíssima, para outros, como o pintor Duncan Hannah, não: "Ela fazia isso de um jeito ousado, transformando tudo em arte."

Os 15 anos de Renato foram sofridos. Diagnosticado com epifisiólise, o futuro cantor da Legião Urbana ficou até o final dos seus 16 anos entre a cama, a cadeira de rodas e as muletas. A doença fez com que a cartilagem que unia o fêmur da perna esquerda e a bacia de Renato se esfarelasse por completo. A reclusão o aproximou da literatura e da música. Foi nesse período que surgiu o mitológico interesse do cantor por Bertrand Russell e Jean-Jacques Rousseau, cujos sobrenomes, muito em

---

[5] Patti Smith, *Só garotos*. São Paulo: Companhia das Letras, 2010. O livro conta a história de sua relação com o fotógrafo Robert Mapplethorpe, o grande amor correspondido de Patti e figura importante para Renato em *As quatro estações*.

breve, dariam no famoso pseudônimo de Renato. Havia, porém, um terceiro nome que colaboraria para o batismo definitivo: Eric Russell. Quase um heterônimo (Renato nessa época também era grande entusiasta de Fernando Pessoa), Eric seria o cantor da 42nd Street Band, uma banda fictícia criada por Renato, que flertava com a realidade de acordo com os manuscritos do adolescente Juninho, apelido familiar do cantor. O principal compositor da 42nd Street Band era o guitarrista Jeff Beck. A historinha conta que um belo dia Eric Russell decidiu gravar um disco solo. Nas palavras do próprio Eric, retiradas da "entrevista" em inglês encontrada em um dos cadernos de Renato, "os caras não estavam gostando das minhas [de Eric] novas canções. Elas estavam meio que fugindo daquilo que a banda estava fazendo. Eu tinha essas canções guardadas debaixo do meu travesseiro: essas coisas country-folk, as baladas longas de letras muito compridas. Nada muito comercial".[6] Difícil não acreditar na possibilidade de que Renato já havia programado, ali entrevado na cama, uma carreira que seria quase idêntica à de Eric Russell. Ao curar-se da epifisiólise, aos 17 anos, Renato conheceu o punk, montou o Aborto Elétrico e, após implodir a banda, "trovador solitário", começou a compor as suas canções folk, como "Eu sei", "Música urbana 2", "Mariane", "Marcianos invadem a Terra" e, em especial, uma balada de letra quilométrica com nove minutos de duração. A grande diferença entre Russo e seu heterônimo é que essa balada, "Faroeste caboclo", tornou-se um dos maiores sucessos radiofônicos da década. O personagem de ficção não teve tanta sorte assim.

---

[6] A citação encontra-se no livro de Arthur Dapieve, *Renato Russo: o trovador solitário*. Rio de Janeiro: Ediouro, 2006.

7.

"A gente lança um disco, mas tenta fazer uma coisa completamente diferente no próximo. Mas nunca é completamente diferente. Por exemplo, depois do *Que país é este*, que era pesadão, que tinha 'Conexão amazônica', que dizia que 'a cocaína não vai chegar', veio *As quatro estações*, que é todo lírico e tem aquela coisa de 'é preciso amar' e tal", diz Renato, agora em close, conversando com o repórter, deitado eternamente no seu sofá-cama. Nunca é completamente diferente, mas se o cancioneiro da Legião Urbana fosse dividido cronologicamente — por período de produção das canções, não das gravações —, até *As quatro estações*, as mudanças no método de composição do grupo são bem reconhecíveis. Até o momento da fita de "Cocaine days" — cujo principal objetivo era exorcizar a temática brasiliense que havia consolidado esteticamente a banda até ali — é possível identificar dois padrões diferentes na criação do então quarteto: as músicas compostas e trazidas de Brasília e as músicas compostas no Rio de Janeiro, após a assinatura do contrato do primeiro disco com a EMI-Odeon. O segundo tipo é totalmente mapeável de acordo com os arquivos sonoros da banda e exemplifica muito bem o funcionamento em estúdio de Rocha, Russo, Marcelo e Dado. "Renato era nosso irmão mais velho, mandava bastante na gente", diria Bonfá. Como o único microfone de voz aberto existente nas sessões de gravação era o de Renato, nos tapes ouvem-se apenas os comentários do cantor, na maior parte das vezes guiando os outros integrantes ao longo da canção que — também na maior parte das vezes — estava sendo composta ali na hora. "Agora!", e a banda rumava para a segunda parte da música. Ou então o cantor indicava a mudança com o primeiro acorde da nova sequência: "Sol!", e lá iam todos ao acorde. "Ficou joia!" é uma expressão recorrente depois dos takes, ainda captada pelo microfone, antes de o produtor Mayrton Bahia apertar o *stop* da mesa de som. Renato mandava, mas raros são os momentos em que aparece perdendo a paciência, como em um dos outtakes de "Ainda é cedo", no qual ele esbraveja em inglês, inventando uma melodia, enquanto a banda toca os três acordes da canção: "I do not know what these boys are doing! But they are going to play this song correctly, even if I have to strain the guts out of them!" [Eu não sei o que esses garotos estão fazendo! Mas eles vão tocar essa música do jeito certo, ainda que eu tenha de arrancar as tripas deles!]

Todas as canções de *Legião Urbana,* o primeiro disco da banda, vieram prontas de Brasília. A exceção é "Por enquanto", que, junto com "Geração Coca-Cola", é a única música do disco cuja autoria é exclusiva de Renato. Surgida durante o período de ensaios da gravação do disco, a canção chegou pronta ao estúdio. "Não existe futuro para quem não acredita em futuro […] mas nada disso fica totalmente claro. Até porque a última canção desse disco coloca tudo, mais uma vez, em suspenso. […] 'Por enquanto' é, de certa forma, desconcertante. O disco termina com uma declaração no mínimo inesperada: 'Estamos indo de volta pra casa'. […] Então existe uma casa, um local de repouso, uma utopia tranquila?", questiona Hermano Vianna no ensaio sobre a Legião que vem no livreto da primeira caixa de CDs remasterizados da banda (também intitulada "Por enquanto"). A última canção do primeiro disco é o primeiro passo para uma nova temática, uma outra possibilidade estética para a banda com versos avessos ao "ficamos suspensos, perdidos no espaço", "tire suas mãos de mim, eu não pertenço a você" ou "não sabemos se isso é problema ou se é solução". "Por enquanto" é uma outra espécie, um outro lugar, uma "volta pra casa" que não é Brasília. É a última faixa daquele disco gravado em 1984 e a primeira da carreira da Legião na qual surgem os primeiros teclados — uma das marcas mais profundas da sonoridade da banda a partir de então.

Das 12 faixas de *Dois*, "Daniel na cova dos leões", "Acrilic on Canvas", "Metrópole", "Plantas embaixo do aquário", "Andrea Doria", "Fábrica" e "Índios" foram feitas já no Rio. A mais antiga dessas sete canções é "Andrea Doria", composta pelo quarteto durante os ensaios para a gravação do primeiro disco em 1984, mas ainda sem a letra de Renato. Nos outtakes das sessões de *Dois* tem-se o primeiro registro do método de criação das melodias e das letras mais frequentemente usado pelo cantor até o último disco da banda: após a conclusão da forma da canção, definida entre os integrantes da banda (ou, em muitos casos, definida pelo próprio cantor, em estúdio), Renato esboça a melodia cantando frases e palavras aleatórias em inglês. Algumas vezes a ideia principal dessas frases surgidas no improviso do ensaio seria adaptada para a futura letra em português. Um dos exemplos mais claros desse método é, curiosamente, uma primeiríssima versão de "Esperando por mim", música que só viria a ser finalizada em "A tempestade" na década seguinte. Na demo de 1987, Renato canta, na mesmíssima melodia do refrão gravado em 1996, as frases "with your feet on the ground / are you waiting for me?". Já em "Metrópole", por exemplo, o cantor compõe a melodia em um único take, mas a letra em inglês, que surge desse take, é um gromelô carregado no sotaque britânico: um pastiche proposital de John Lydon. "Mais do mesmo" e "Angra dos Reis", as duas últimas faixas de *Que país é este*, compostas já no Rio de Janeiro, distantes cronologicamente das demais canções do terceiro álbum do grupo, também possuem letras em inglês, muito divergentes de suas versões finais em português, reescritas na língua materna de Renato. Contabilizando, das 22 músicas gravadas nos três primeiros LPs da banda, 12 foram composições feitas depois do contrato, no Rio de Janeiro. Nessa conta entram também a instrumental "Central do Brasil" e "Tempo perdido", que originalmente figurava na fita demo da banda intitulada "1977", e que foi reescrita por Renato para as gravações de *Dois*.

8.

Em agosto de 1988, o quarteto volta aos estúdios da EMI-Odeon, na rua Mena Barreto, em Botafogo, para a gravação do quarto álbum. O contrato com a gravadora precisa ser renovado, e os advogados dos músicos sugerem que cada um crie sua própria firma e finalmente coloquem em prática o plano de fundarem a própria editora musical, a Corações Perfeitos. A Legião Urbana, ao mesmo tempo em que se remodela burocraticamente, propõe para si novas condições estéticas. "Cocaine Days", o cassete gravado por Renato em Brasília, seria o ponto de partida das novas sessões nos estúdios da EMI-Odeon. No lado A da fitinha do cantor existem, por exemplo, o primeiro registro da linha de baixo de "Maurício" e a sequência de acordes que culminaria em "Quando o sol bater na janela do teu quarto". Nos primeiros ensaios do quarteto em 1988, além dessas duas canções, surgiriam também as primeiras tentativas de "Feedback Song for a Dying Friend" — batizada temporariamente de "Heavy Metal", por conta do riff da guitarra distorcida de Dado — e uma outra canção, ainda sem nome, retomada diversas vezes nos ensaios seguintes, mas logo temporariamente descartada (três anos depois ela se transformaria em "Sereníssima", a segunda faixa do lado B do álbum *V*). Em pouquíssimos desses outtakes é o baixo de Renato Rocha que se escuta. Ele ainda proporia algumas ideias de harmonia e frases melódicas para as primeiras versões de "Eu era um lobisomem juvenil", que não seriam usadas por conta de suas incontáveis e sucessivas faltas nos primeiros meses de gravação do disco. A ausência e o descomprometimento de Rocha nesse delicado momento de revisão do grupo levaram o quarteto ao mesmo consenso: dali em diante eles seriam um trio. "Ele se ejetou da banda. [...] Nós íamos ao estúdio de segunda a sexta, o Negrete aparecia um dia sim e cinco não", diria Dado. Numa tarde de verão no final de 1988, Renato Rocha assinou sua demissão/separação/rescisão da Legião Urbana na frente de Renato, Dado e Marcelo (e dos respectivos representantes legais), despediu-se, deu partida na sua moto e saiu cantando pneu em direção à porta do estacionamento da gravadora em Botafogo.[7] A partir dali, Renato Russo e Dado Villa-Lobos dividiriam definitivamente o contrabaixo em *As quatro estações*.

Em 1989, de segunda a sexta, geralmente das três da tarde até as oito da noite, Bonfá, Dado, Renato e o produtor Mayrton Bahia, da mesma forma que os demais funcionários da EMI-Odeon, iam até a Mena Barreto para trabalhar. Depois de tantas mudanças e sobressaltos no ano anterior, o trio chegou à conclusão de que o método mais eficaz para se levantar um disco era a disciplina. Na época a Odeon dispunha de dois estúdios e uma terceira sala, normalmente usada para mixagem, mas que, dependendo da agenda dos demais artistas da gravadora, também podia ser usada pela Legião para ensaiar e gravar. "A

---

[7] Renato Rocha ainda gravaria mais um contrabaixo num disco da Legião em "Riding song", canção que abre o último álbum da banda, *Uma outra estação*, de 1997. O baixista morreu em 22 de fevereiro de 2015, durante a pesquisa para este livro.

gente tocava onde dava, na sala que estivesse disponível, mas a gente ia todo dia, sem falta. Tipo cartão de ponto mesmo", afirmaria Dado.

Como muito bem lembra Roland Barthes no seu *Império dos signos*, um dos livros mais lúcidos sobre o Japão já escrito por um ocidental, o que se recomenda ao praticante do zen ao trabalhar um *koan* não é "resolvê-lo, como se ele tivesse um sentido, nem mesmo perceber sua absurdidade (que é ainda um sentido), mas ruminá-lo até que o dente caia". E durante meses o processo de composição do grupo era uma ruminação de acordes, frases e timbres, até que surgisse por inteiro uma canção. "Neste disco tentamos fazer uma coisa mais melodiosa, mais harmônica, em vez de trabalhar só dois acordes", diz Renato. "As músicas vão ser mais elaboradas, as harmonias vão ser mais elaboradas — em vez de terem duas notas, como em 'Ainda é cedo' e 'Soldados', terão cinco", ironizaria Dado, numa entrevista feita durante as gravações do álbum. "O Dado tá tocando bandolim no disco, gente!", retrucaria Renato. Na maior parte do tempo de estúdio gasto para fazer *As quatro estações* não houve nenhuma menção das letras das canções ou sequer o nome do disco. Bonfá, Dado e Renato se comunicavam apenas pelos ouvidos e por uma mínima referência verbal como mero lembrete: "Vamos puxar aquela mais Dylan", era, por exemplo, o código para tocarem a futura "Sete cidades". O disco permaneceu instrumental durante dois terços da sua gestação. "As letras só viriam meses e meses depois. Quando chegaram as primeiras canções de fato prontas, com os versos do Renato, a reação foi muito mais um 'Ah! Finalmente! Vamos gravar, então?' do que um 'Nossa! O que você quis dizer com isso?'", afirmaria Dado. Havia uma confiança absoluta em Renato por parte de Dado e Bonfá. "Quando organizamos a ordem das faixas e nos demos conta de que 'Há tempos' seria a primeira do disco, a reação foi: então vamos começar com 'parece cocaína, mas é só tristeza'? Bacana!", diria o guitarrista. Para quem manejava detalhadamente trajetórias de bandas — mesmo que fictícias — desde a adolescência como Renato, os eventos ao longo da criação do disco pareciam ocorrer naturalmente, como se desde antes ele já tivesse certeza de como seria o resultado. O tempo de maturação era longo, mas necessário. "[Nosso processo de criação] é um processo lento. Enquanto bolamos as músicas, já começamos a pensar no que dizer na letra. Essa música tem cara de quê? A música começa na bateria e no baixo, e começamos a tentar encaixar palavras que combinem com a música." Mas quando as faixas instrumentais ficaram prontas, Renato Russo era, por vezes, vítima de ataques de paúra: "Quando as músicas começaram a ficar completas, entrei em pânico. Eu realmente não sabia o que falar. Não dava para reclamar da vida porque tínhamos acabado de fechar um contrato milionário. A inquietação veio vindo, veio vindo, e a primeira solução foi sentar e analisar nossos problemas. O principal deles era que as músicas estavam muito pesadas, carregadas de uma energia que acabou gerando a incapacidade de continuar ouvindo aquilo. Isso tudo começou a arrastar o trabalho. [...] Quando estávamos fazendo o disco, eu não sabia sobre o que a gente ia falar, porque eu não queria mais falar sobre coisas negativas. [...] Mas gradualmente conseguimos ter a disciplina necessária para que essa inquietação pudesse se transformar em letras."

Foi na mesma semana, a do dia 16 de julho de 1989, que chegaram aos estúdios da EMI-Odeon não só as três primeiras letras do disco, mas também o nome do álbum proposto por Renato e acatado por Bonfá e Dado. Em entrevista para a revista

Bizz, feita na semana seguinte, o guitarrista afirma: "A parte musical do disco está pronta. Entrou muito do que nós estávamos sentindo, isso passou para a música. Mas faltam justamente os complementos para fechar o círculo. Eu já vi três letras e por mim achei ótimas. Cabem direitinho nas músicas." Renato complementa: "'Pais e filhos', 'Há tempos' e '1965 (duas tribos)'." Perguntado sobre a escolha do título *As quatro estações*, o cantor responde: "Tem essa coisa de primavera, mesmo, dos ciclos. Gostaria que fosse sobre ciclos, a perda da inocência, você atingir um certo estágio em que perdeu alguma coisa, e ou vai para o lado deles ou retrabalha e reconquista isso. Porque no nosso caso, por sermos artistas, fica mais fácil do que para as outras pessoas. Mas seria basicamente isso: primavera, verão, chega o outono e caem todas as folhas. E no inverno fica a árvore toda daquele jeito. É como se a gente estivesse chegando no inverno. Mas aí vem vindo a primavera de novo. Quer dizer, você pode escolher ter uma nova primavera. A maior parte das pessoas que eu conheço fica no inverno, e acredito ser esse o maior problema delas. Acho que o mais importante é a gente redescobrir as coisas."

De acordo com Hermano Vianna, é em *Dois* que surge, "inesperadamente", "uma outra faceta", distante da origem punk do grupo: "uma vontade de religião e piedade", como, por exemplo, o título bíblico da faixa de abertura "Daniel na cova dos leões" e as esperançosas mensagens de "Fábrica", como "nosso dia vai chegar" e "teremos nossa vez", ambas parte da segunda leva estética da banda, compostas longe do ambiente brasiliense. Hermano também ressalta a mutação do estilo de composição da banda, ali, em progresso, fruto do novo método de criação assumido por Renato: primeiro o formato da canção e a sonoridade de sua gravação, para depois, dali, brotarem letra e melodia. "A música é mais imediatamente pop, mas não é facilmente assobiável. As letras parecem, muitas vezes, estar em conflito com a melodia, como se brincassem com o limite da métrica e se tornassem parte da canção por obra de um milagre. E algumas melodias são realmente milagrosas." *Dois*, portanto, é uma espécie de prenúncio de *As quatro estações*, disco que para o antropólogo é "uma dolorosa busca [calcada na religiosidade] da mais perfeita, agora sim, sinceridade".

Os quatro primeiros discos da Legião Urbana funcionam como pares. Se *Que país é este* é a afirmação do *no future* apresentado em *Legião Urbana*, *As quatro estações* é a maturação dos apontamentos surgidos no repertório carioca de *Dois*. O quarto disco, no conceito de Renato, fecha um ciclo de quatro estações distintas. O budismo, muito caro ao discurso do álbum e que também serve ao texto deste livro, afirma no seu tatibitate que, assim como na natureza, os homens passam por quatro diferentes períodos, compatíveis com as estações: formação, existência, declínio e vazio, ou seja, primavera, verão, outono e inverno. Trabalhando com os pares de álbuns da Legião, a "formação" culminaria em "declínio" (representados por *Legião Urbana* e *Que país é este,* respectivamente) e a "existência", no "vazio" (*Dois* e *As quatro estações*, nessa ordem). O vazio, portanto, representa o esgotamento "sincero" do discurso espiritual da banda, segundo a tese de Hermano Vianna, bem como a ruminação pela ruminação, até a falência dos dentes, do *koan* barthesiano, e, por fim, o desconforto causado pelo conceito do disco, de acordo com o retrospecto feito por Renato em 1994, deitado no seu sofá-cama, desde o início deste livro. Digno de nota que, consequentemente, depois da exaustão espiritual de *As quatro estações*, o grupo lançaria *V*, naturalmente a antítese conceitual de seu predecessor. As soluções práticas apontadas por Renato nas letras de *V*, ausentes em *As quatro estações*, são fruto de um dado biográfico da vida do cantor: "As canções do *V* eu fiz totalmente sóbrio e durante um bom período de análise. Acredito que sejam as minhas melhores letras, não por acaso." O ambiente rarefeito da lírica religiosa do quarto disco versus a crueza da (auto)análise das letras de *V* é o conflito mais fértil da trajetória da Legião Urbana. Os dois álbuns são os ápices opostos de uma mesma maturidade musical e poética de Dado, Marcelo e Renato. Na sequência cronológica, *O descobrimento do Brasil* serve aos ouvidos como conferência dessa maturidade e também como patamar para analisar, com a distância certa, a personalidade dos cinco álbuns anteriores. Já *A tempestade* e *Uma outra estação* são o retrato do esgotamento físico de Renato e, ao mesmo tempo — de acordo com as condições possíveis impostas pelo incontornável final da trajetória do grupo —, a última homenagem da banda ao seu próprio legado, que permanecerá na história da música brasileira por tempo indefinido.

9.

Na noite do dia 17 de julho de 1989, uma terça-feira, acontecia na tevê brasileira um momento histórico: o primeiro debate televisivo entre os candidatos para presidente do país, depois de 24 anos de ditadura militar, na Rede Bandeirantes. No domingo anterior, o Brasil vencia o Uruguai por 1 a 0 no Maracanã, com uma cabeçada de Romário, tornando-se campeão da Copa América. Nessa semana, nos cinemas, *Harry e Sally* estava em primeiro lugar nas bilheterias e nas rádios "Toy Soldiers", da *one hit wonder* Martika, era a música mais tocada. Na tarde de terça, Renato entrou no estúdio número um da EMI-Odeon com a letra de "Há tempos" nas mãos pronta para ser gravada. O cantor, porém, começou a sessão de gravação de vozes com "1965 (duas tribos)", a segunda das três primeiras letras prontas até então, deixando a futura faixa de abertura do disco para o início da noite, quando estivesse mais aquecido. "Pode aumentar a base. Aumenta o baixo", dizia Renato ao microfone para Mayrton, logo após o *false start* da bateria de Bonfá, que contaria o andamento nas baquetas logo em seguida. Nesse primeiro take, Renato experimenta em quais lugares da letra ele poderia esticar uma palavra, onde poderia aumentar a potência da sua voz. Tosse, pausa, retoma o canto no verso seguinte, enquanto a estranha melodia atravessa as três partes da música. O verso "Já estamos acostumados a não termos mais nem isso" surge por cima da introdução do teclado, quando repetida pela segunda vez. A melodia, porém, não se repete. No dia seguinte, quarta-feira, 18 de julho, em apenas dois takes posteriormente editados e misturados entre si por Mayrton Bahia, Renato resolveria a canção. "Mesmo demorando uns quatro meses pra entregar as letras do disco, ele sempre fazia o dever de casa muito bem. Vinha com aquilo tudo, melodia, afinação, modulações, tudo praticamente pronto, e bastante ensaiado. Chegava, gravava e ficava maravilhoso", afirmaria Dado.

Há quem diga que o clipe de "Há tempos" é tão clássico na carreira audiovisual da banda quanto o vídeo de "Tempo perdido" ou de "Perfeição". Durante a maior parte do filme, a câmera está em Renato, sozinho em casa com seu violão. Sua estante de livros e de filmes em VHS aparece repetidamente. Em destaque estão: a biografia de Bob Dylan, a *Doutrina de Buda* (provavelmente o mesmo exemplar citado no encarte do disco), os filmes *Some Like It Hot* (ou, em português, *Quanto mais quente melhor*, obra-prima de Billy Wilder, estrelando Marilyn Monroe e Jack Lemmon) e *O mágico de Oz*, livros de Ernest Hemingway, Jean Genet, Aldous Huxley, a biografia de Einstein, as biografias de Judy Garland, Bob Marley, Elvis Presley e James Dean, o *I Ching*, *O tarô*, de Jung, a *Paideia*, de Werner Jaeger, os *Collected Poems*, de Allen Ginsberg, as *Fábulas*, de La Fontaine, *Lectures in America*, de Gertrude Stein, o VHS de *Help!* etc. A canção chega na frase "já estamos acostumados a não termos mais nem isso" e Renato mostra para a câmera a carta da justiça dos arcanos maiores do tarô (a carta da morte ele já havia mostrado no início do vídeo). Daí vêm os contos reunidos de Sherlock Holmes, a Bíblia em inglês (em edição ilustrada para crianças), a biografia de Gertrude Stein, a biografia de Hitler, a poesia completa de Keats e *Os dias lindos*, de Carlos Drummond de Andrade, intercalados com imagens de Dado e Bonfá fazendo playback de seus devidos instrumentos. Essa imensa quantidade de referências bibliográficas do primeiro videoclipe de *As quatro estações*, em comparação às aparições de grandes ícones, mortos precocemente na juventude, no filme de "Tempo perdido", reflete o salto conteudístico entre os dois álbuns.

"O segundo verso de 'Há tempos' é de um texto achado numa igreja em 1600 e alguma coisa na Europa e veio por carta", diz o texto do encarte do disco, escrito por Renato. O verso em questão é: "Muitos temores nascem do cansaço e da solidão." Uma busca na internet, traduzindo o verso para o inglês — "Many fears are born of fatigue and loneliness" —, e o Google apresenta quase exclusivamente uma listagem enorme de sites que citam o poema "Desiderata", do poeta norte-americano Max Ehrmann, não muito conhecido por aqui. Nascido em 1872, Max nunca obteve fama com os seus versos enquanto vivo. "Desiderata" foi publicado pela primeira vez em 1927, mas foi somente em 1956, mais de uma década depois da morte do autor, que o poema começou a ganhar leitores de uma forma bastante peculiar. Graças a um reverendo de Baltimore leitor de poesia contemporânea, "Desiderata" foi recolhido numa compilação de textos devocionais publicada pela igreja de Saint Paul, com os créditos de seus autores. Havia, porém, uma única referência impressa no livro do padre: "Old Saint Paul's Church, Baltimore A.D. 1692." Uma rápida lida na página da Wikipedia sobre o poema esclarece a confusão feita por Renato (e por muita gente desde então): "Consequentemente, a data de autoria do texto era (e ainda é) muito confundida como sendo de 1692, o ano da fundação da igreja." Curiosamente o livro obteve um certo sucesso editorial no mundo católico e um número considerável de cópias chegou a diferentes paróquias norte-americanas e europeias. Dessa forma, a autoria do texto perdeu-se por completo com a fama exponencial dos seus versos. Renato afirma, de orelhada, no encarte, que o verso também é de um "autor hindu desconhecido", provavelmente outro boato gerado pela ausência de autoria da publicação do reverendo. Em 1968, Leonard Nimoy — o falecido ator que interpretou o Doutor Spock em *Jornada nas estrelas* — recitou o poema inteiro numa faixa de seu LP convenientemente intitulado *Spock Thoughts*. Depois, em 1971, o famoso locutor norte-americano Lesley Stein [Les Crane] gravaria no seu disco o poema, finalmente com os devidos créditos ao poeta Max Erhmann. Inacreditavelmente o álbum alcançou o top 10 da Billboard dos Estados Unidos e ganhou um Grammy de melhor disco na categoria *spoken word*. Renato, por sua vez, nunca soube da existência desses LPs, muito menos de Max Ehrmann.

"Disciplina é liberdade", que muitos dizem ser uma frase de autoria do poeta francês Paul Valéry, pode talvez ter sido extraída por Renato do mesmo poema de Ehrmann. Os dois versos seguintes ao "Many fears are born of fatigue and loneliness" são: "Beyond a wholesome discipline, / be gentle with yourself", que numa tradução livre para o português daria: "De uma disciplina rigorosa, / seja gentil com você mesmo." Renato diria: "Em 'disciplina é liberdade', eu estou falando de autodisciplina. Se você pensar numa relação sujeito-objeto, é fascista; mas, numa relação sujeito-sujeito, não é. Não é 'eu vou disciplinar você'. A natureza é disciplinada. Eu preciso de muita disciplina! Fica tão bonito escrito 'disciplina é liberdade'. E é uma inversão do *double think* do *1984*, livro de George Orwell: 'Liberdade é escravidão', 'Ignorância é força'. Se você tiver um conceito legal de liberdade, imediatamente surge uma ideia positiva. Mas eu acho bacana que as pessoas se preocupem. O que mais me chama a atenção nessa música é: 'Lá em casa tem um poço, mas a água é muito limpa.'" A surpresa do cantor com o inesperado verso de sua própria autoria vem da colagem de frases que caracteriza a composição da letra de "Há tempos". Ao que parece, não só essa letra, mas grande parte de todas as outras letras da Legião surgiu de um reagrupamento de versos esparsos, anotados por Renato nos seus vários cadernos ao longo dos anos que, depois de recombinados, ganharam um sentido próprio. Diz a lenda que Renato demorou seis meses pra montar o quebra-cabeça da letra da canção. De acordo com o processo do álbum, é uma hipótese bem razoável. Ainda deitado no mesmo sofá-cama, fumando mais um cigarro, Renato se autoironiza: "O disco abre com 'Parece cocaína mas é só tristeza, talvez tua cidade. Muitos temores nascem do cansaço e da solidão. E o descompasso e o desperdício herdeiros são agora da virtude que perdemos'. Eu fui chamado de Olavo Bilac do rock. Mas de repente tocou no rádio e todo mundo se identificou. E a gente virou uma banda pop!"

O último verso de "Há tempos", "Lá em casa tem um poço, mas a água é muito limpa", terminado no ar com ênfase na palavra "limpa", junto com a derradeira pratada da bateria de Marcelo Bonfá, é um dos mais herméticos e, ao mesmo tempo, mais populares da canção brasileira. Imaginemos o efeito, por exemplo, de uma plateia de 50 mil fãs no show de 10 de agosto de 1990 no Palestra Itália berrando em uníssono: "Mas a água é muito limpa!" Numa das páginas de um dos cadernos de Renato, reproduzida no livro *O trovador solitário*, de Arthur Dapieve, alguma coisa se esclarece, não somente sobre a letra de "Há tempos", como também sobre o processo de escrita e montagem de Renato. A página começa com o título "Opener" — sugerindo uma espécie de introdução ao universo lírico do disco, talvez já vislumbrada ali por Renato — e três subtítulos: "Há tempos", "E ela disse" e "Sete cidades". Em seguida, sete estrofes ilustram o processo de cortar e colar versos e títulos das canções, utilizado pelo letrista ao longo da discografia da banda.

"Sete cidades" virou título de outra canção de *As quatro estações*. "Não é a vida como está / E sim as coisas como são" foi parar em "Meninos e meninas". Já os versos "Corri pro esconderijo / E olhei pela janela" só vieram a ser aproveitados em "L'avventura", música do disco *A tempestade*, de 1996. O misterioso "E ela disse: / Lá em casa tem um poço mas a água é muito limpa" ganha sentido quando a tal "Ela" surge como personagem nos versos, conforme mostra a transcrição do manuscrito. Já o trecho inédito "Pegou o canivete e lavou com a água do rio", seguido de "Lá em casa tem um poço / mas a água é muito limpa" sugere que não se misture a "água" da casa com o "sangue" do canivete adquirido no "caminho perigoso" da "floresta", prudentemente lavado com a "água do rio". As estrofes da primeira versão do texto de "Há tempos" servem apenas para esclarecer a origem dos versos na montagem intricada da letra de Renato. A exposição desse manuscrito funciona como uma pequena mostra do processo criativo da lírica do cantor. Por mais que se embrenhe nos mecanismos de composição escondidos nos arquivos de Renato Russo atrás de pistas que montem o quebra-cabeça da letra, o grande salto estilístico de "Há tempos" — que ganha corpo na voz da multidão que canta sua estranha melodia, na precisão dos seus versos acerca da tristeza — é justamente a "supressão dos elos na cadeia, da matéria explanatória e de ligação, e não a incoerência ou o amor do criptograma", conforme afirmaria o poeta anglo-americano T.S. Eliot no prefácio do livro *Anabase* de seu contemporâneo antilhano Saint-John Perse. E segue: "Esta seleção de uma sequência de imagens e ideias nada tem de caótico. Existe uma lógica da imaginação, assim como uma lógica de conceitos." Essa mesma característica é flagrante no *The Waste Land* do próprio Eliot, conforme muito bem observado pela tradutora portuguesa Maria Amélia Neto. É sabido que Renato Russo era ávido leitor dos poetas beat norte-americanos, de Shakespeare, dos poetas românticos ingleses e de W.H. Auden. Não há qualquer referência a Eliot nas falas de Renato sobre seu interesse particular em poesia de língua inglesa, mas existe um lugar comum, que não é pequeno, entre a fabricação de *The Waste Land* e uma parte considerável dos versos de *As quatro estações*, guardadas as devidas proporções. Maria Amélia aponta para a visão fragmentada do mundo pós-guerra no livro de Eliot que, assim como Renato no seu mundo pós-punk de referências, "intercala citações de algumas grandes obras das civilizações ocidental e oriental". Também como Eliot, que alude a memórias infantis, como, por exemplo, em "London Bridge is falling down falling down falling down", famosa cantiga infantil inglesa, Renato surge inesperadamente com "eu tenho um autorama / eu tenho Hanna-Barbera / eu tenho pera, uva e maçã / eu tenho Guanabara / e modelos Revell", suas próprias memórias de infância — ocorridas justamente durante o período mais sombrio da ditadura brasileira — narradas de forma fragmentada em "1965 (duas tribos)". *The Waste Land* e *As quatro estações* possuem uma mesma vontade de interpenetração de passado e presente, uma força imagética avassaladora, que, como diria Maria Amélia Neto, "desdobra-se em múltiplos 'sinais', quando queremos reconstituir, racionalmente ou quase, o caminho sem tempo que percorremos" ao penetrar nessas obras. "'Disseste que se tua voz fosse igual à imensa dor que sentes, teu grito acordaria não só a tua casa, mas a vizinhança inteira.' Isso poderia ter sido escrito há dois mil anos, como pode ter sido escrito agora. Daqui a dois mil anos ainda vai existir vizinhança", afirma Renato.

"Eu era um lobisomem juvenil", a letra mais extensa do disco, embora não sendo tão eficaz na supressão dos "elos de sua matéria explanatória" original quanto "Há tempos", é a canção que consegue tocar em todos os assuntos pertinentes ao universo de *As quatro estações*. Se "Há tempos" aparece como primeira música — essência do disco que se dilui ao longo das faixas —, "Eu era um lobisomem juvenil" encerra o primeiro lado como um belo resumo do que passou e aponta em seu refrão o que pretende o cerne do lado B: a vontade da plenitude amorosa. Os versos "Se você quiser alguém pra ser só seu / É só não se esquecer: estarei aqui" são repetidos duas vezes, no meio e no final da canção, após sucessões de afirmativas repletas de simbolismos e ensinamentos de obras religiosas ocidentais e orientais presentes na época na cabeceira do cantor: "Eu li em algum lugar que a maior contribuição do século XX não vai ser nada disso que todo mundo fala: a maior contribuição vai ser a união do modo do Ocidente com o pensamento do Oriente. Eu acho que é para isso que a gente está caminhando, acho isso uma coisa muito importante. Então no disco eu cito a Bíblia, Camões, mas também cito o Lao-Tsé e a doutrina de Buda", afirma o cantor.[8] A variedade de vozes e enunciados presentes nos versos da música se faz presente também na gravação. Na mixagem final escutam-se dois Renatos que se alternam ao microfone: "Qual foi a semente que você plantou?", diz um; o outro complementa: "Tudo acontece ao mesmo tempo / nem eu

---

[8] Em entrevista a Humberto Finatti para a revista *Istoé Senhor*, em 1989.

mesmo sei direito o que está acontecendo"; e volta o primeiro: "E daí, de hoje em diante, / todo dia vai ser o dia mais importante." Em certos momentos como "Não falo como você fala / mas vejo bem o que você me diz", os dois Renatos cantam em uníssono. As gravações das vozes foram feitas entre os dias 9 e 18 de agosto, o que sugere que "Eu era um lobisomem juvenil" talvez seja a última letra escrita pelo compositor e que estas sejam as últimas gravações do disco antes da mixagem definitiva. Dois meses depois do lançamento, perguntado se não tinha medo de o álbum ser etiquetado pela imprensa como "romântico e espiritualista" e rejeitado pelo público acostumado com o discurso dos discos anteriores, Renato respondeu: "A gente sempre faz canções que refletem o que estamos sentindo [...] Esse disco representa bem o momento da gente agora. Por isso também que o trabalho demorou a sair. Queríamos que ficasse como estamos. Não foi assim: vai ficar pronto em agosto. Vai ficar pronto quando estiver pronto. [...] *As quatro estações* tem uma personalidade forte e as músicas têm uma sequência no disco."

10.

Inacreditavelmente vestindo a mesmíssima camisa estampada de mangas compridas predominantemente roxa (acompanhada da calça bege) que usava no seu sofá-cama, Renato está agora num programa de tevê [*Programa livre*, no canal SBT], ao vivo, em 1994. Ao longo dos 57 minutos de duração da atração, os adolescentes que lotam a plateia pedem insistentemente, a cada intervalo, para que a banda toque "Pais e filhos". Cansado dos pedidos, Renato resolve pagar uma geral ao microfone: "Tá bom, a gente vai tocar 'Pais e filhos', mas a gente não ensaiou, tá? Escuta, vocês sabem que essa música é sobre suicídio, né? [...] Essa música é muito séria, tipo me desgasta pra caralho quando a gente toca e as pessoas não percebem! É sobre uma menina que tem problemas com os pais. Ela se jogou da janela do quinto andar e não existe amanhã. Sabe, eu acho bacana, a gente vai tocar, é uma música bonita, mas existe um clima em torno de algumas músicas da Legião Urbana que me assusta. É uma música seríssima, que nem 'Índios'. Eu não conseguiria ouvir duas vezes seguidas. Eu gostaria então que vocês prestassem atenção na letra e vissem que é uma coisa forte. Agora eu tô legal e tudo, mas eu estive muito mal na minha vida, quando eu era mais jovem. [...] Agora eu encontrei meu caminho, [...] e essas músicas refletem um momento na minha vida que eu não gosto de lembrar mais. Eu prefiro tocar uma outra coisa, mas a gente vai tocar 'Pais e filhos'." Depois, já deitado novamente no seu sofá-cama, com o mesmo figurino, Renato ironiza o refrão cantando em vozinha estridente com os braços para o alto, imitando a plateia de fãs da Legião, "É preciso amaaaar…", sentindo-se imediatamente culpado pela piada, remenda: "Eu fico brincando, mas é uma música muito bonita, eu gosto muito."

Dado relembra, com um risinho no canto da boca: "Eu acho que o nome da canção veio do fato de que na época de *As quatro estações* os três estavam com filhos pequenos e aquela revista *Pais & Filhos* rolava de vez em quando no estúdio." No show do Palestra Itália para 50 mil pessoas, Renato debochadamente afirma que "Pais e filhos" foi feita no banheiro. As vozes do cantor foram gravadas em três sessões datadas: 18 de julho, junto com "Há tempos", 20 de julho e, finalmente, no dia 27 de julho. No dia 20, o Caderno B do *Jornal do Brasil* estampava a morte do ator Lauro Corona na capa. Há 12 dias internado na Clínica São Vicente, no Rio de Janeiro, Lauro foi uma das primeiras personalidades do Brasil vitimadas pelo vírus da aids. Nada da sessão de voz de Renato foi aproveitado nesse dia. Durante o take, o cantor pedia para Mayrton tirar uma guitarra de Dado que estava incomodando o seu canto, depois queria que o produtor colocasse de volta a voz que tinha gravado dois dias antes, tossia, fazia pausas com frequência, reclamava do final instrumental que ainda não sumia em fade out conforme ele tinha pedido anteriormente. O take do dia 27 seria muito similar ao do dia 18, como se Renato estivesse tentando imitar a voz impecável da primeira sessão. O take definitivo, portanto, acabou sendo o do dia 18, quase que integralmente a voz da primeira tentativa de duas, feitas por Renato na mesma sessão. Num pequeno espaço de horas de um único dia de gravação, num disco que demorou no total 16 meses para ficar pronto, o cantor eternizaria as vozes das duas primeiras faixas, talvez as mais representativas de *As quatro estações*.

Antes, ainda em 1988, paralelamente aos primeiros meses de gravação, quando a banda aparecia diariamente nos estúdios da EMI-Odeon, o Brasil acompanhava, também no mesmo ritmo diário, a nova novela das oito, *Vale tudo*. Dado afirma que o horário das gravações acabava por volta das 20 horas para que os três pudessem voltar para casa a tempo de acompanhar a trajetória de Odete Roitman e companhia. Nos arquivos dos tapes da Legião existem três demos de "Pais e filhos". Na primeira delas, o famoso riff que abre a canção, feito pelo violão de Dado, ainda não existia. O guitarrista conta que um dia, em um dos ensaios, Renato sentiu a falta de uma introdução, de uma frase melódica que pudesse ser repetida ao longo da faixa. Dado concordou. Disse que seria ótimo uma frase ao violão que servisse de contraste em relação ao refrão, que surgia sempre mais pesado do que o restante calmo da canção. Foi aí que Renato teve uma ideia: "Como é aquela música da Tracy Chapman que toca na novela? Podia ser uma coisa naquela onda folk dedilhada, né?" Em minutos a inspiração do violão de "Fast Car" daria luz a outro riff igualmente clássico da música pop.

11.

Na mitologia do cancioneiro da Legião existe uma música inédita chamada "Rapazes católicos", deixada de lado durante as gravações de *As quatro estações*. Na entrevista do grupo no programa do Jô Soares no SBT, em 1989, durante os últimos meses de gravação do disco, Renato afirma que "Rapazes católicos" teria sido o primeiro nome de "Feedback Song for a Dying Friend": "Ela tinha um verso como: 'Eu acho que vou ter que te matar por causa do teu Deus.'" E Dado complementa: "E era bem na época do escândalo do Salman Rushdie, e o Mayrton, nosso produtor, deu esse toque na gente dizendo que poderia ser perigoso fazer uma música assim." Em 1988, Rushdie publicaria *Os versos satânicos*, seu quarto e mais notório romance, no qual, entre outras coisas, um dos personagens, um muçulmano da Índia, após sobreviver a um atentado terrorista que derrubara o avião onde viajava, começa a desenvolver cascos de cavalo, chifres na testa e um rabo demoníaco. O livro foi premiado em 1988, sucesso de crítica e de público por conta da polêmica envolvendo a religião de Maomé em sua trama. Mas, em fevereiro de 1989, o supremo líder do Irã, o aiatolá Khomeini, iniciou publicamente uma caça à cabeça do autor por conta do desrespeito que os radicais alegavam ser gerado pelo livro, com relação ao islamismo. Rushdie precisou de proteção especial durante anos e *Os versos satânicos* acabou custando a vida do tradutor japonês da obra, além de quase matar o tradutor norueguês, em dois atentados promovidos por radicais islâmicos em nome da *fatwa* do aiatolá.

Na internet circula o áudio de um show da turnê de *As quatro estações*, em Belo Horizonte, no qual, após "Por enquanto", a última música da noite, Renato declama os seguintes versos, antes de sair do palco: "O manto sagrado / Coração ferido / Sangue de Cristo derramado / Entre nós e o perigo" e se despede dizendo um "vão com Deus". Muitos fãs afirmam em seus respectivos blogs que esses são também versos da canção "Rapazes católicos", além daquele citado pelo próprio Renato no *Jô Soares 11:30*, no SBT, em 1989. Mas uma segunda busca na internet informa que o trecho dito pelo cantor é na realidade da "Oração às santas chagas de Jesus". Na entrevista, Jô Soares pergunta à queima-roupa: "Vocês vão falar sobre aids?" Renato responde: "Eu não queria, mas vamos, sim. É um assunto muito difícil pra mim. A gente ia fazer um heavy metal sobre toda essa questão de Deus contra o Demônio. Mas, olha, eu tenho 29 anos, quase trinta, então eu vou dar um conselho, porque eu tô ficando velho: Gente, toda palavra é *karma*! Então, essa coisa de adolescente desenhar demoniozinho no caderno é uma coisa ruim. Eu acho bobo! Eu tô do lado de Jesus e não abro." A plateia aplaude. "Então, a gente fez essa música que era pra ser um comentário sobre isso, que você pode curtir um heavy metal mas não precisa vir com essas coisas que você não sabe com o que você está lidando. A música se chamava 'Rapazes católicos', tinha uma letra muito pesada que misturava uma porção de coisas, falava sobre muçulmanos, sobre os árabes, mas aí até a minha irmã falou que a ideia era péssima, de mau gosto. [...] Aí eu tive uma outra ideia. Como as pessoas sempre cobram da gente uma música em inglês, eu tinha essa coisa guardada, que eu já tinha escrito um tempo atrás, chamada 'Feedback Song for a Dying Friend'. [A letra foi feita] basicamente pensando num cara chamado Robert Mapplethorpe, um fotógrafo americano que faleceu recentemente que eu respeito muito, um cara superfabuloso! E também pensando em outras pessoas. Eu já tive dois amigos que morreram de aids e agora o Cazuza [que assumiria publicamente a doença no ano anterior à sua morte], enfim. Eu acho que as pessoas não vão entender muito, porque eu escrevi como se fosse um soneto shakespeariano. Mas é bem heavy metal e ainda tem uma parte instrumental árabe por conta da história dos 'Rapazes católicos'." Dado Villa-Lobos não se recorda de ter lido nenhum dos versos originais nem de Renato cantando a primeira versão de "Feedback Song" com a letra em português. Nos outtakes dos arquivos da EMI-Odeon não há de fato nenhuma gravação ou versão da canção senão a cantada em inglês.

O soneto de Shakespeare ganhou notoriedade por diferir formalmente do soneto de Petrarca, o inventor dessa que é a forma poética mais famosa do Ocidente. Enquanto o poeta italiano ensinou que o soneto constitui-se primordialmente de dois quartetos e dois tercetos, William Shakespeare manteve os 12 versos originais petrarquianos, mas reconfigurou-os em quatro quartetos — de rimas cruzadas — e um dístico final. Pois bem, não há nada de soneto shakespeariano na forma de "Feedback Song for a Dying Friend". Para começar, de acordo com as quebras de linha da letra no encarte do disco, a canção tem 24 versos, dez a mais do que Shakespeare e Petrarca permitiriam. Mas o que há em comum entre o poema de Renato e os 154 sonetos escritos pelo maior dramaturgo inglês é o conteúdo. Comumente, divide-se a obra lírica shakespeariana em duas partes. A segunda parte, que não interessa aqui, é dedicada a uma certa dama, mas a primeira, que vai do soneto de número um até o de número 126, é inteiramente dedicada a um certo cavalheiro louro, conhecido de William Shakespeare. Em críticos mais conservadores, esse conjunto de poemas ganhou o apelido de "sonetos ao amigo", já que no inglês dos séculos XVI e XVII, dizem eles, as palavras "*love*" e "*lover*" poderiam ser sinônimas de "amizade" e "amigo". Existe, porém, uma série de estudos que defende a tese de que esses 126 poemas de Shakespeare versam sobre o homoerotismo, sem sombra de dúvida. Um possível amor, socialmente conturbado, do autor por um belíssimo homem. Bárbara Heliodora e Harold Bloom talvez nada soubessem sobre o caso, já que focaram seus estudos quase exclusivamente sobre a obra dramática de Shakespeare. Mas uma rápida análise demonstra que há também nas peças teatrais de William a mesmíssima temática. Um trecho bastante claro, por exemplo, sobre a questão homoerótica na obra do maior escritor inglês de todos os tempos está em *O mercador de Veneza*, precisamente na declaração de Antônio sobre seu muito idolatrado amigo Bassânio, que em determinado momento está disputando a mão de Pórcia: "Antonio, I am married to a wife / Which is as dear to me as life itself; / But life itself, my wife, and all the world, / Are not with me esteem'd above thy life", que na tradução de Solange Ribeiro de Souza, autora de um esclarecedor artigo sobre o tema, ficaria: "Antônio, desposei uma mulher / A quem amo como a própria vida; / Mas vida, esposa, o mundo inteiro / Não valem para mim mais que tu mesmo."

No mesmo 18 de julho, dia do show trágico da banda em Brasília que desencadeou todo o processo que culminaria em *As quatro estações,* Robert Mapplethorpe, contrariando os médicos e os boatos de que não sairia mais vivo do St. Vincent's Hospital, voltava para sua casa em Nova York, após milagrosamente se recuperar de uma infecção bacteriana específica, considerada, na época, letal para os pacientes com Aids. Enquanto a Legião começava as gravações do disco no verão carioca, o Whitney Museum de Nova York celebrava o sucesso de público e de crítica da última retrospectiva que Mapplethorpe veria sobre a sua obra. O ex-companheiro de Patti Smith morreu no dia 9 de março de 1989, exato um mês depois da *fatwa* emitida pelo aiatolá Khomeini contra o romancista Salman Rushdie. Os dois fatos fermentaram a cabeça de Renato, que decidiu, enfim, sustentar a letra de "Feedback Song" e sua bandeira gay, não atacando a intolerância religiosa diante do assunto, mas abordando a tragédia do vírus da aids que devastou amores, famílias e círculos de amizade inteiros ao longo dos anos 1980. "Hoje em dia não temos o Vietnã ou amor livre [como nos anos 1960], mas temos a Nicarágua e a aids", diria Renato. Na biografia de Robert Mapplethorpe, escrita por Patricia Morrisroe, é minucioso o detalhamento da destruição física e social causada pela aids em Nova York, ainda nos seus primeiros anos de contágio. As vítimas de então teriam vergonha de expor publicamente não só o definhamento físico, mas principalmente a sexualidade — mesmo nos círculos artísticos mais desbundados de Manhattan —, por conta da culpa gerada pela moral da sociedade norte-americana, baseada em preceitos cristãos. Sutilmente, num inglês elisabetano impecável, Renato Russo foi capaz, numa tacada só, de expor um assunto altamente delicado para as mentes brasileiras de 1989 e de tirar William Shakespeare do armário.

Em contraposição a "Feedback Song for a Dying Friend", um belo dia Renato chega aos estúdios de Botafogo com a letra da canção mais efetivamente pop do disco, "Meninos e meninas". "Quando eu escutei ele cantando pela primeira vez eu pensei, poxa, que letra foda! E, porra, que bom que finalmente ele está se assumindo em público", diria Dado. Se "Feedback Song" fala da morte, da tragédia do fim de um amor ocasionado em última instância pela falta do lugar do pleno exercício da homoafetividade na sociedade, "Meninos e meninas" fala da descoberta do sexo, das dúvidas entre o que seria o certo e o errado, e serviu como remédio para aqueles que, quando escutaram "acho que gosto de meninos e meninas" pela primeira vez, se sentiram finalmente representados. Em contraposição a "Há tempos" e "Eu era um lobisomem juvenil", não há nada de obscuro nos versos da música: "São tudo pequenas coisas / E tudo deve passar." Mesmo com a ambiguidade culpa/flerte em relação aos nomes de santos/cidades no refrão da canção e de mais uma história de amor mal resolvida que surge na terceira estrofe da letra, "Meninos e meninas" é ao mesmo tempo a canção mais animada (não há nenhum acorde menor ao longo dos seus 3 minutos e 23 segundos) e o maior alento do disco que começou com "Há tempos". "É a primeira vez que falo claramente que gosto de meninos e meninas. Também não sei o que vai dar, porque eu começo a falar de santo no meio da música e acho que vai embolar tudo!", afirmaria o cantor. No show de 10 de agosto de 1990 no Palestra Itália, Renato diria no microfone: "Agora uma música sobre quando todos nós tínhamos 12 anos de idade. Eu ainda tenho 12 anos de idade!" O público vai ao delírio. No dia seguinte ele mudaria ligeiramente o discurso antes de cantar a canção: "Agora a gente vai tocar uma música pros meninos… e pras meninas!"

12.

"Não adianta, eu não tô conseguindo me concentrar", se desculpa Renato, ao interromper "1965 (duas tribos)" ainda no meio do show do dia 11 de agosto de 1990, no Estádio Palestra Itália, em São Paulo. "Eu fico pensando em todos esses outdoors babacas que tão aparecendo por aí, entendeu? Uma porção de nome que eu não conheço. Fica difícil cantar que o 'Brasil é o país do futuro'. Eu não tava conseguindo me lembrar da letra, comecei a cantar que 'estupidez é inteligência' e que 'recompensa é escravidão', sabe qual é? É difícil, é difícil! Quem é que votou aqui pra presidente? Quem é que ficou satisfeito com o resultado?" E uma vaia abafada da plateia é captada pelos microfones do palco. "Um dia a gente vai ter a nossa vez. Talvez não seja agora, não, sabia? Eles gastam mais dinheiro com propaganda do que comprando comida pra quem precisa!" E Bonfá retoma a canção. Em 1989, antes do primeiro turno das eleições para presidente, Renato abriu publicamente o seu voto: "Eu vou votar no Roberto Freire, um comunista ateu." Assim como aconteceu com "Há tempos" e "Pais e filhos", a voz definitiva de "1965 (duas tribos)" foi gravada no mesmo 17 de julho. Em um dos takes não aproveitados, no lugar de "não se esqueça, temos sorte e agora é aqui", Renato canta: "Não se esqueça do que esses animais ainda estão fazendo com o nosso povo." Pela temática explícita sobre os anos de ditadura no Brasil — embora entremeada pelas lembranças afetivas da infância do cantor —, "1965" mantém-se solitária dentro dos grupos de canções do álbum, e, por conta disso, foi sabiamente escolhida por Renato para abrir o segundo lado do disco, inteiramente dedicado ao amor. A fórmula panfletária da música, com um *grand finale* redentor, "O Brasil é o país do futuro / Em toda e qualquer situação, eu quero tudo pra cima" (que iria se repetir mais uma única vez em "Perfeição", em *O descobrimento do Brasil*), é bem diversa das antigas canções de cunho político da produção brasiliense do grupo, quando não havia esperança nem futuro em momento algum de suas estrofes, como é o caso de "Que país é este", "Conexão amazônica" ou "Geração Coca-Cola". Mesmo em vários momentos deprimido e cético com a realidade social do país, antes e depois de compor "1965 (duas tribos)" e também "Perfeição", Renato depositava suas esperanças de um futuro melhor num mesmo lugar desconhecido e inominável, que, provavelmente, solucionaria também a sua busca espiritual e afetiva que assombra os 47 minutos de *As quatro estações*. Numa entrevista, três meses depois do lançamento do álbum, ele diria: "O novo disco é todo político. Nesse disco a gente está falando do espiritual, e hoje em dia não existe nada mais político para mim do que o espiritual. Aliás, acho que essa é a questão crucial hoje em dia, a questão de você com teu lado religioso. Atualmente, o rock só vai mudar alguma coisa se puder servir de instrumento para seus ouvintes. Você pode pegar o rock como uma disciplina e crescer, conhecer o mundo, conhecer a si mesmo. Entrar num processo intelectual. […] Até bem pouco tempo atrás, a gente realmente acreditava que poderia mudar alguma coisa. Depois percebemos que não ia dar mais para mudar, mas continuamos acreditando."

"Quando o sol bater na janela do teu quarto" foi uma das primeiras canções a ficarem prontas, quando o disco ainda não tinha letras. Na caixa dos tapes dos arquivos da gravadora ela é chamada "Balada", simplesmente. Na primeira demo da música captada pela mesa de som de Mayrton Bahia, com o andamento mais arrastado, a forma inteira da canção já estava pronta, inclusive o riff da guitarra de Dado que abre a faixa e se repete ao longo dos compassos. Seriam necessárias mais três outras tentativas até que a sequência final de acordes surgisse para arrematar a harmonia para que então, finalmente, Renato pudesse levar uma cópia do take definitivo para casa e lá, sozinho, elaborasse melodia e letra. "Quando o sol bater na janela do teu quarto' é uma superbalada. Passei um período muito, muito preocupado. Acho que foi desde aquele lance com o Cazuza, aquela capa da *Veja* com ele, misturado com essa história diária de corrupção. Isto está sendo muito confuso para mim. Me deixa deprimido mesmo. A música fala justamente sobre isso. Independentemente de todas essas coisas, ainda existe uma saída."

A capa da revista *Veja* de 26 de abril de 1989 trazia uma foto de Cazuza esquálido e de óculos com a manchete: "Uma vítima da aids agoniza em praça pública." Nas primeiras linhas da matéria, que abalaram Renato profundamente, lê-se: "[O cantor] faz questão de morrer em público, sem esconder o que está se lhe passando. Cazuza conta como convive com a doença. Fala sem firulas de sua bissexualidade, de como se drogou pesadamente e confessa que está tendo dificuldade em se livrar do alcoolismo." A matéria segue em tom moralizante: "O cantor fumava maconha, cheirava cocaína e usava heroína, embora o seu vício mais sério sempre tenha sido o álcool, principalmente o uísque. Some-se a essas drogas todas uma vida sexual extremamente intensa, com parceiros e parceiras, e se tem um quadro da vida de Cazuza, dos caminhos que ele percorreu." Nada nessa descrição era estranho ao mundo de Renato: "Ele é só um ano mais velho do que eu, a gente é da mesma coisa, tem o mesmo tipo de vida […] Isso mexia muito com a minha cabeça: Poxa, se não é errado, então por que existe aids? Até eu colocar na minha cabeça que aids não tem nada a ver com Deus…" É possível imaginar o assombro do cantor. A matéria ainda comparava a breve biografia de Cazuza com a de seu avô, morto por causa da sífilis, que, nas palavras da *Veja,* "naqueles tempos não tinha cura, era considerada uma doença maldita que, conforme se dizia, se transmitia pecando". "Quando o sol" é um dos pontos nevrálgicos do disco. É onde mais claramente Renato aponta o direcionamento espiritual do álbum numa série de frases afirmativas que driblam a dor da morte e do amor. "Eu falei em religião entre aspas, […] eu acho que existe um lado de autoconhecimento que todo ser humano precisa, como a gente precisa de comida e água. É aquela bobagem: 'Quem sou eu, para onde vou, o que estou fazendo aqui.' Até agora essas coisas eram território da religião. Só que eu acho que hoje em dia a religião está totalmente — a religião organizada — desacreditada, mas a necessidade continua." Depois de expor as consequências malévolas da "religião organizada" em "Rapazes católicos / Feedback Song for a Dying Friend", a faixa imediatamente anterior, "Quando o sol bater na janela do teu quarto", possui um papel delicado no conceito do disco ao querer apontar uma crença na redenção, mesmo ela sendo não cristã. Renato, nas entrevistas pós-lançamento, continuava empenhado na tentativa de explicar o teor espiritualista de *As quatro estações* aos jornalistas: "O disco tem referências também à doutrina de Buda e ao *Tao Te King*, que é uma coisa bonita, escrita há muito tempo, como se fosse um texto bíblico oriental, pré-Jesus. Nós não estamos falando de religião, estamos do lado espiritual do ser humano. Não estamos falando que Deus existe ou não existe. [...] O disco não lida com a questão da existência de Deus, e sim com a ideia de Deus. [...] Tem uma frase em que acredito: 'Quem procura Deus já o encontrou.' E tem uma outra: 'Foram os homens que inventaram Deus.' E eu fico entre essas duas frases." No texto do encarte do disco, Renato afirma que "toda parte sobre dor e desejo" da canção vem da *Doutrina de Buda*, que, originalmente, diz: "Certa vez, um homem pisou em um espinho. Sentindo dor aguda e insuportável, assim pensou: que a dor é apenas uma reação da mente. Deste incidente, inferiu que a mente pode se perder, se mal controlada, ou pode se tornar pura, quando bem controlada. Não demorou muito; tendo estes pensamentos, a Iluminação chegou até ele." Salta aos olhos como o ensinamento budista se relaciona diretamente com a experiência traumática da adolescência do cantor, durante a adolescência ao contrair a epifisiólise. "Minha perna estava pendurada só pela pele, entre o fêmur e a bacia. Meu mundo acabou. Fui operado e fui vítima de erros médicos. O cara colocou o pino dentro do nervo. Contrações involuntárias me faziam gritar de dor. Fiz outras operações. Perdi dois anos de vida com medo de sentir dor, isolado, fora de tudo."

13.

A temática da busca espiritual apontada no primeiro lado do disco se dilui ao longo das faixas do segundo lado, quando misturada às canções de amor, capitaneadas por "Monte Castelo". No início deste livro, deitado no sofá-cama, Renato já havia lastimado que a saga amorosa do disco terminava com "Se fiquei esperando meu amor passar" — "[que aponta] uma situação onde a pessoa já levou tanta porrada que nem sabe" — e tinha seus versos roubados da liturgia cristã: "Cordeiro de Deus que tirais o pecado do mundo/ Tende piedade de nós." O cantor desabafaria posteriormente: "Quem me dera que eu tivesse o meu lado espiritual resolvido... esse disco é mais uma busca."

"O avô do Renato, eu acho, tinha lutado em Monte Castelo, na Segunda Guerra, e ele [Renato] já tinha composto aquele tema no teclado, pensando nessa história. E é um tema quase militar, se você parar pra escutar. Um dia ele chegou no estúdio com aquela letra toda sobre amor, misturando Camões e a Bíblia, com a música já pronta. Eu só toquei o violão, o Bonfá a percussão e de repente tínhamos mais uma música pro disco", afirma Dado. Conforme muito bem lembra Arthur Dapieve na sua biografia sobre Renato Russo, muita gente depois de *As quatro estações* casou ao som de "Monte Castelo". Porém, mesmo comumente dedicado à pessoa amada pelo Brasil afora, o

"Soneto LXXXIV" do poeta português é sobre o amor, ele só. "Monte Castelo" fala de um sentimento amoroso que de tão imenso nada aspira ao conforto. Em Camões, a dor — budista e fruto nocivo da mente em "Quando o sol" — é inerente ao amor. Partindo do princípio de que a canção foi composta antes de "Monte Castelo", é provável que os dois versos sobre "dor" no soneto, "É ferida que dói e não se sente" e "É dor que desatina sem doer", tenham sido a isca que Renato agarrou para afirmar o discurso da busca presente nas canções do disco, a partir da espiritualidade e do amor. Diferentemente das outras faixas amorosas do lado B do disco, que falam das dificuldades e dos platonismos de uma relação a dois ("Maurício", "Sete cidades" e "Se fiquei esperando meu amor passar"), "Monte Castelo" procura dimensionar a potência desse sentimento em estado bruto. Nas afirmações bíblicas e camonianas, misturadas pelo compositor na canção, não há romantização: "Mas como causar pode o seu favor / Nos mortais corações conformidade / Sendo a si tão contrário o mesmo amor?", pergunta o terceto original de Camões que termina o soneto, deixado quase todo de lado na montagem da letra feita por Renato. Já a parte integral de "1 Coríntios 13", no Novo Testamento, afirma que para amar é necessário ser bondoso apesar da ingratidão, ser paciente e não se vangloriar. Amar é uma provação em *As quatro estações* e reverbera no lado A, no mais famoso refrão do disco: "É preciso amar as pessoas como se não houvesse amanhã / Porque se você parar pra pensar, na verdade não há." De todos os versos de "Monte Castelo", Renato escreveu de próprio punho apenas dois: "Estou acordado e todos dormem" e, o mais essencial da canção, "É só o amor, é só o amor". Só o amor é capaz. O amor, por ser tão imenso, pode ser tão bom quanto mau. É só o amor, é solitário o amor. "Na verdade, Renato nunca teve ninguém. O que é triste. Nessas canções ele ficou idealizando a questão da família, do amor, da fraternidade, do ambiente social saudável que ele não teve, sabe? Mas esses temas de amor serviram muito, na verdade, pra ele, como ruptura em relação ao discurso de 'Que país é este' etc. É um lugar de conforto inventado por ele", refletiria Dado.

"Maurício era um cara de Santa Maria, um cadeirante, um cara muito fã, e o Renato teve uma longuíssima conversa com ele no camarim após o show, e eles se tornaram amigos", continua o guitarrista. Assim como "Monte Castelo" e "Sete cidades", por exemplo, os títulos das canções muitas vezes pertenciam a um outro lugar que não o da letra, na concepção de Renato, e eram colecionados em separado, nos seus cadernos. Muitas vezes também, como é o caso de "Monte Castelo", o nome que surgia na primeira demo da música, ainda sem letra, acabava perdurando. "Maurício" era o título da primeira linha de baixo criada para o disco, ainda em "Cocaine days". De acordo com os tapes, é a música que possui mais versões instrumentais nos arquivos de *As quatro estações*. Da fita cassete do cantor, a famosa linha de baixo da canção passou pelas mãos de Renato Rocha, depois pelo próprio Renato Russo – que toca contrabaixo em uma das versões –, por um piano (ou melhor, por um timbre de piano existente no banco sonoro de um dos sintetizadores do estúdio da EMI-Odeon) e diversos outros timbres de teclado até o cantor dar-se por satisfeito ao encontrar o som ideal, presente no disco.

"A gente demorou tanto tempo pra fazer esse disco que lá pelas tantas, ainda em 1988, o estúdio 1 entrou em obra, passou meses em reforma, ficou pronto e a gente ainda usou ele reformado, todo novinho, pra finalizar outras bases ainda", confessa Dado. Foi durante a reforma que a banda começou a compor

"Se eu fiquei esperando o meu amor passar". Depois de uma série de tentativas, o cheiro de cola tornou-se insuportável para Marcelo Bonfá continuar tocando. "Era um puta cheiro de cola no estúdio que deixava a gente meio doidão de vez em quando. E nesse dia o Bonfá tava sozinho lá gravando, enquanto eu e o Renato estávamos na cabine técnica, acompanhando com guitarra e baixo. Ele começou a ficar com muita dor de cabeça, não aguentou mais e foi embora pra casa. Depois, com a ajuda do Mayrton, a gente passou o resto do dia editando a bateria nos tapes e foi montando a harmonia em cima dessa montagem. Tanto que, se você escutar com cuidado, vai notar que tem um monte de virada fora do lugar", ri o guitarrista.

Já "Sete cidades", ou "Dylan", seu primeiro nome quando ainda não tinha letra – "deve ser por conta da gaita, né?", diz Dado –, é a única canção do disco na qual Renato recorre ao seu método de composição de *Dois* e inventa, em estúdio, a melodia a partir de uma letra aleatória, em inglês. Sintomaticamente, os versos de improviso surgidos na língua de Shakespeare também falam de amor: "Time has come / I'll stay by your side", começa a cantar Renato. No refrão, com melodia idêntica ao original "quando não estás aqui / tenho medo de mim mesmo", a letra surge tão carente da presença do amor quanto na versão final: "But I love you, love you / till you die."

Roland Barthes, em *Fragmentos de um discurso amoroso*, afirma que o discurso da ausência amorosa do outro é uma situação inaudita, pois o "outro" — o ser amado — permanece ausente enquanto referente e, ao mesmo tempo, presente como alocutário. "Dessa distorção singular nasce uma espécie de presente insustentável: fico acuado entre dois tempos, o tempo da referência e o tempo da alocução — você partiu (do que estou me queixando), você está aqui (já que me dirijo a você).

Conheço então o que é o presente, esse tempo difícil, um puro pedaço de angústia." Renato, dentro do diagnóstico barthesiano de "ausência", em verdade, não está buscando um lugar pleno de conforto, ao confrontar a dor do amor com o discurso remediador da espiritualidade; está, sim, manipulando a ausência — essa dor — ao produzir sua própria ficção no desenrolar lírico do disco. Segundo Barthes, "a linguagem nasce da ausência, [essa] ausência torna-se uma prática ativa, um atarefamento [...] uma encenação linguageira [que pretende afastar] a morte do outro. [...] Manipular a ausência é alongar esse momento, retardar tanto quanto possível o instante em que o outro poderia resvalar secamente da ausência para a morte". Não há nenhum indício de que Renato Russo tenha lido ou possuído em sua biblioteca os *Fragmentos de um discurso amoroso* até o final de 1989. A estante de filosofia do cantor já tinha os seus autores prediletos, nenhum deles francês. Arthur Schopenhauer e Soren Kierkegaard, por exemplo, são nomes que mais se assemelhariam a esse discurso da ausência fabricado por Renato. Retornando à sabedoria oriental, mais um *koan*, colhido por Barthes, para terminar o capítulo: O mestre segura a cabeça do discípulo debaixo d'água, durante muito tempo; pouco a pouco as bolhas começam a se rarefazer; no último momento, o mestre tira o discípulo, reanima-o: quando você desejar a verdade como desejou o ar, saberá o que ela é. A ausência do outro segura minha cabeça debaixo da água; pouco a pouco, sufoco, meu ar se rarefaz: é por essa asfixia que reconstituo a minha verdade.[9]

---

[9] Roland Barthes, *Fragmentos de um discurso amoroso*. São Paulo: Martins Fontes, 2010.

Renato afirma, citando a matéria de Okky de Souza na revista *Veja*: "O amor, na visão da gente, em *As quatro estações*, não é uma coisa importante porque as religiões dizem que seja, ou então porque é da natureza humana, mas sim porque pode ser uma espécie de passaporte para outras reflexões e outras sensações."

14.

Duas canções ainda foram trabalhadas com certa insistência pelo trio, mas após o conjunto das 11 faixas já prontas e o *deadline* da gravadora para o lançamento repetidamente adiado ao longo do segundo semestre de 1989, acabaram ficando de fora. "A gente chamava ela de 'A música da garrafinha' porque o timbre no teclado do Renato tinha o nome de *bottle flute*", lembra o guitarrista da banda sobre as primeiras tentativas em estúdio para a canção que se tornaria "Giz", a composição predileta de Renato Russo, conforme ele afirmaria numa entrevista, já em 1994. "A gente tinha aquela primeira parte da música há anos, até que um dia eu inventei a parte do refrão que o Renato colocou o *bottle flute*. Mas não deu tempo de a gente terminar ela naquela época", afirma Dado. A outra canção que ficou de fora começava com o violão escovado de Dado alternando lá menor e mi menor nos acordes. O andamento arrastado da bateria de Bonfá junto com a tonalidade da música lembrava de cara "Wish You Were Here", e não tardou para que Renato apelidasse a nova música de "Pink Floyd". Nos outtakes de *As quatro estações* existem gravadas três tentativas inteiras de "Pink Floyd", com todas as partes da harmonia já muito bem resolvidas. As dúvidas do trio estavam no arranjo. Também tarde demais para o cronograma, Renato finalmente sacaria o timbre e a frase final do teclado que encerraria a música, conforme se escuta na última das três demos da canção. "Pink Floyd" ficaria guardada por mais dois anos, quando se tornaria "Vento no litoral", o *hit single* de maior sucesso de *V*.

"A gente queria deixar bem claro que a partir de então, com *As quatro estações*, nós agora éramos um trio. Por isso, foto dos três bem grande na capa", diz Dado sobre o projeto gráfico do disco, feito por sua mulher, Fernanda Villa-Lobos, com muitos pitacos dos membros da Legião. "A cor platinada do papel da capa foi uma novela. Um leva e traz da fábrica até a gente decidir qual era o tom exato. O famoso desenho do violão estampado na capa do disco, logo abaixo das fotos dos três — tiradas por Isabel Garcia numa manhã fria na Joatinga —, foi feito por Dado a partir da clave de sol estilizada criada pelo violonista franco-argelino Pierre Bensusan. "Eu estava ouvindo o Bensusan, aquela onda new age-violão, meio celta, meio gaulês, aí, um dia, achei um livro de partituras dele onde a clave de sol era o violãozinho que eu mexi um pouquinho e que acabou na capa do disco", afirma o guitarrista. Mal saberia Bensusan, e mal saberia Dado, que o famoso violãozinho — replicado nos 2,6 milhões de cópias vendidas de *As quatro estações* nos últimos 26 anos, o que daria 100 mil discos por ano, desde 1989 — se tornaria dali em diante a principal identidade visual da banda, a que melhor foi acolhida pelos fãs. Até hoje o violão de Bensusan é estampado em camisetas, pôsteres e demais suvenires relativos ao grupo.

15.

"No início da década de 1980, a aids era como um tambor distante — alguns ruídos surdos, como o estrondo de um trovão ao longe, sobre uma nova doença em meio aos homens gays, então conhecida como GRID (*Gay-Related Immune Deficiency*; em português, Deficiência Imune Gay-Relacionada). Por volta da primavera de 1982, no entanto, o estrondo já se tornara mais alto e mais ameaçador: os Centros para Controle de Epidemias registraram 285 casos de GRID em 17 estados dos Estados Unidos, com a metade deles diagnosticada em Nova York", afirma Patricia Morrisroe em *Mapplethorpe*, a biografia que escreveu sobre o fotógrafo.[10]

Logo após *As quatro estações* chegar finalmente às lojas de discos de todo o Brasil no dia 26 de outubro de 1989 e alcançar, em pleno Plano Collor, a marca de 500 mil cópias vendidas nos seus primeiros meses, Renato decidiu que era o momento certo de sair do Brasil por um tempo. Ficou de dezembro até março nos Estados Unidos. Alugou um apartamento em Nova York, comprou um aparelho de som novo em folha, uma enorme quantidade de discos e livros (muitos deles expostos

---

[10] Patricia Morrisroe, *Mapplethorpe: A Biography*. Da Capo Press: 1997.

no videoclipe de "Há tempos"), e gastou três cadernos com anotações para futuras letras, prometendo para si, quem sabe, um novo disco da Legião até o final de 1990. Renato conta: "Mas basicamente o que eu fui fazer lá foi entrar em contato com a Christopher Street,[11] com o Castro, em São Francisco. Era uma coisa que eu estava precisando fazer há muito tempo. Eu estava precisando me assumir há muito tempo… Mas fica aquela coisa, filho de católico, 'você é doente' etc. No meio do caminho eu já estava pensando: pô, eu sou um cara tão legal, eu não posso ser doente. Eu não sou muito religioso, não, mas eu me ligo nessas coisas. Não só a doutrina de Buda, eu já li muito a Bíblia também. Mas Jesus nunca falou nada contra certo tipo de comportamento. Quem fala isso é a Igreja católica. Bem, se eu sou assim, e eu sei que sou assim desde que eu me lembro, desde os três anos de idade… Eu sempre gostei de meninos. Eu gosto de meninas também, mas eu gosto de meninos. Como é que não é natural? […] É o que se chama *coming out of the closet*."

O cantor voltou revigorado, a tempo de comemorar seus trinta anos no Rio, e namorando. Trouxe dos Estados Unidos o novo amor, Robert Scott Hickmon, "lixeiro, semianalfabeto, problemático, lindo, louro e gay de carteirinha", segundo o cantor. Ficaram três meses juntos morando no apartamento de Renato na rua Nascimento Silva. "O plano era que eu parasse de beber e ele parasse de tomar anfetamina. Fizemos terapia de casal, ele me pedia dinheiro o tempo todo, em pleno Plano Collor,

---

[11] Rua do Village, em Nova York, onde fica o famoso bar Stonewall Inn, palco da famosa "Rebelião de Stonewall", em 28 de junho de 1969, um dos mais notórios levantes em nome dos direitos LGBT, que mais tarde serviria de inspiração para Renato gravar seu primeiro disco solo, *The Stonewall celebration concert*, em 1994, comemorando os 25 anos da rebelião. [N.A.]

começou a transar com mulheres, e aí não deu mais." Scott vai embora em junho de 1990, no início da turnê de *As quatro estações*, conturbada por conta dos altos e baixos de Renato e de seu uso abusivo de álcool e drogas ao longo dos meses subsequentes. No dia 7 de julho, na mesma data do show da Legião no Jockey Club do Rio de Janeiro para um público de 60 mil pessoas, morre Cazuza. Em dezembro, após se certificar em três testes distintos, Renato descobre que é portador do vírus da aids. A banda decide manter o assunto em sigilo absoluto até a morte do cantor, no dia 11 de outubro de 1996.

Um ano depois do diagnóstico da doença, *V* chegaria às lojas de todo o país com um Renato diferente, afirmando um discurso contrário ao que foi eternizado em *As quatro estações*. Após o término da sequência de shows do quarto disco, o cantor – por conta do convívio diário com a aids e do respectivo tratamento – tornaria-se uma "pessoa extremamente sociável", diria Dado. Ainda deitado no seu sofá-cama, o cantor afirmaria que *V* é seu disco predileto e possui suas melhores letras, todas escritas sem a ajuda de álcool e demais estimulantes, inclusive "A montanha mágica", que segundo o próprio Renato é "A melhor canção sobre drogas já escrita em português!". No seu livro, *Memórias de um legionário*, Dado afirma que o disco soa como "uma grande crítica, um reconhecimento de que tudo estava ruim, aliado a uma vontade de mudar e de melhorar. O Renato passava por esse processo de limpar o organismo, de lutar para viver, e isso é marcante no álbum". Num dos outtakes de "A ordem dos templários", faixa do primeiro lado de *V*, é possível ouvir Renato ao fundo comentando com Bonfá e Dado sobre o seu novo terapeuta: "Ele analisa como você tá, pela sua roupa, sabe? Ele fica olhando pra sua cara, não é aquela coisa que você fica deitado sem olhar pra ele. Meu analista fala tudo, ele é behaviorista!" "Lage D'or", penúltima faixa do álbum, é a que melhor exemplifica a contraposição em relação às ânsias de *As quatro estações*: "Aprendi a esperar mas não tenho mais certeza / Agora que estou bem tão pouca coisa me interessa", são os versos que abrem a canção que segue irônica na sua terceira estrofe com uma cantada: "Qual é teu nome, qual é teu signo? / Teu corpo é gostoso, teu rosto é bonito / Qual é o teu arcano, tua pedra preciosa – / Acho tocante acreditares nisso." O dístico seguinte é completamente autobiográfico e remete diretamente aos dois anos anteriores na vida de Renato: "Já tentei muitas coisas, de heroína a Jesus / Tudo que já fiz foi por vaidade" Por fim, após afirmar que "não é mais questão de sorte", Renato canta o último verso do disco (que termina, na sequência, com "Come Share My Life", uma faixa instrumental) que resolve todas as perguntas de *As quatro estações*. Uma única frase que serve como um *koan* para o próprio Renato de três anos antes, que se enfurnava num quarto de hotel, após o trauma do show de Brasília, procurando, insone, um significado para acontecimentos tão incontornáveis, elaborando as primeiras perguntas que resultariam no quarto disco e mais bem-acabada obra-prima da banda: "O maior segredo é não haver mistério algum."

Todas as citações de Renato, Dado e Bonfá foram extraídas da significativa bibliografia publicada sobre a banda, de vídeos do grupo publicados no YouTube, das entrevistas que fiz com o Dado ao longo do processo de escrita deste livro e dos tapes de todas as sessões de gravação da Legião Urbana na EMI-Odeon. O resto é literatura.

Agradecimentos

Obrigado ao Dado pela extrema generosidade, ao Estevão pelo carinho, ao Martin pela paciência, ao André, que sabe poesia mesmo, a Manoela, Vitor, Rossini, Mariana e Pedro Birman pelo café, e à Anastasia, que ainda dormia enquanto eu escrevia este livro.

As canções de *As quatro estações*

1 – *Há tempos*
(Renato Russo/Dado Villa-Lobos/Marcelo Bonfá)

2 – *Pais e filhos*
(Renato Russo/Dado Villa-Lobos/Marcelo Bonfá*)*

3 – *Feedback Song for a Dying Friend*
(Renato Russo/Dado Villa-Lobos/Marcelo Bonfá)

4 – *Quando o sol bater na janela do teu quarto*
(Renato Russo/Dado Villa-Lobos/Marcelo Bonfá)

5 – *Eu era um lobisomem juvenil*
(Renato Russo/Dado Villa-Lobos/Marcelo Bonfá)

6 – *1965 (Duas tribos)*
(Renato Russo/Dado Villa-Lobos/Marcelo Bonfá)

7 – *Monte Castelo*
(Renato Russo)

8 – *Maurício*
(Renato Russo/Dado Villa-Lobos/Marcelo Bonfá)

9 – *Meninos e meninas*
(Renato Russo/Dado Villa-Lobos/Marcelo Bonfá)

10 – *Sete cidades*
(Renato Russo/Dado Villa-Lobos/Marcelo Bonfá)

11 – *Se fiquei esperando meu amor passar*
(Renato Russo/Dado Villa-Lobos/Marcelo Bonfá)

© Editora de Livros Cobogó

Editoras
Isabel Diegues
Barbara Duvivier

Editora assistente
Julia Barbosa

Organização da coleção
Frederico Coelho
Mauro Gaspar Filho

Coordenação de produção
Melina Bial

Assistente editorial
Mariah Schwartz

Revisão
Eduardo Carneiro

Capa
Radiográfico

Projeto gráfico e diagramação
Mari Taboada

CIP-BRASIL. CATALOGAÇÃO-NA-FONTE
SINDICATO NACIONAL DOS EDITORES DE LIVROS, RJ

M314q
Marovatto, Mariano, 1982-
As quatro estações / Mariano Marovatto. – 1. ed. – Rio de Janeiro: Cobogó, 2015.
88 p. : il. ; 19 cm.

ISBN 9788560965755
1. Legião Urbana (Conjunto musical) – Crítica e interpretação. 2. Rock – Brasil – História. 3. Música e história – Brasil. I. Título.

15-23169
CDD: 782.420981
CDU: 78.067.26(81)

Nesta edição, foi respeitado o Acordo Ortográfico da Língua Portuguesa de 1990, que entrou em vigor no Brasil em 2009.

Todos os direitos em língua portuguesa reservados à
Editora de Livros Cobogó Ltda.
Rua Jardim Botânico, 635/406
Rio de Janeiro – RJ – 22470-050
www.cobogo.com.br

O LIVRO DO DISCO

Organização: Frederico Coelho | Mauro Gaspar

The Velvet Underground and Nico | *The Velvet Underground*
Joe Harvard

A tábua de esmeralda | *Jorge Ben*
Paulo da Costa e Silva

Estudando o samba | *Tom Zé*
Bernardo Oliveira

Endtroducing... | *DJ Shadow*
Eliot Wilder

LadoB LadoA | *O Rappa*
Fred Coelho

Daydream nation | *Sonic Youth*
Matthew Stearns

NO PRELO

Songs in the Key of Life | *Stevie Wonder*
Zeth Lundy

Unknown Pleasures | *Joy Division*
Chris Ott

2015

―――――――――

1ª impressão

Este livro foi composto em Helvetica.
Impresso pela gráfica Mark Press,
sobre papel Offset 75g/m².